趣说中国史 明朝篇

刘喜涛◎主编

刘军博 许蕊 刘泉利◎著

台海出版社

图书在版编目（CIP）数据

趣说中国史.明朝篇/刘喜涛主编;刘军博,许蕊,
刘泉利著.--北京:台海出版社,2023.1（2024.5重印）
ISBN 978-7-5168-3463-3

Ⅰ.①趣… Ⅱ.①刘… ②刘… ③许… ④刘… Ⅲ.
①中国历史—明代—通俗读物 Ⅳ.① K209

中国版本图书馆 CIP 数据核字 (2022) 第 227101 号

趣说中国史.明朝篇

主　　编：刘喜涛　　　　　　　　著　者：刘军博,许蕊,刘泉利

出 版 人：蔡　旭　　　　　　　　封面设计：异一设计

责任编辑：赵旭雯

出版发行：台海出版社

地　　址：北京市东城区景山东街 20 号　　邮政编码：100009

电　　话：010-64041652（发行，邮购）

传　　真：010-84045799（总编室）

网　　址：www.taimeng.org.cn/thcbs/default.htm

E - mail：thcbs@126.com

经　　销：全国各地新华书店

印　　刷：三河市嘉科万达彩色印刷有限公司

本书如有破损、缺页、装订错误，请与本社联系调换

开　　本：880 毫米 ×1230 毫米　　　1/32

字　　数：180 千字　　　　　　　　印　　张：7.5

版　　次：2023 年 1 月第 1 版　　　印　　次：2024 年 5 月第 5 次印刷

书　　号：ISBN 978-7-5168-3463-3

定　　价：49.80 元

明朝 16 帝世系表

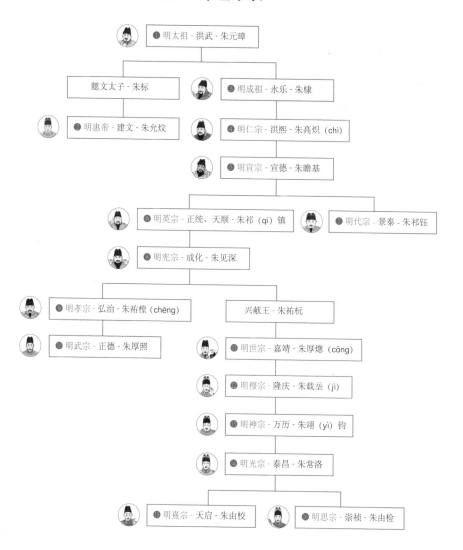

❶ 明太祖 - 洪武 - 朱元璋

懿文太子 - 朱标

❸ 明成祖 - 永乐 - 朱棣

❷ 明惠帝 - 建文 - 朱允炆

❹ 明仁宗 - 洪熙 - 朱高炽 (chì)

❺ 明宣宗 - 宣德 - 朱瞻基

❻ 明英宗 - 正统、天顺 - 朱祁 (qí) 镇

❼ 明代宗 - 景泰 - 朱祁钰

❽ 明宪宗 - 成化 - 朱见深

❾ 明孝宗 - 弘治 - 朱祐樘 (chēng)

兴献王 - 朱祐杬

❿ 明武宗 - 正德 - 朱厚照

⓫ 明世宗 - 嘉靖 - 朱厚熜 (cōng)

⓬ 明穆宗 - 隆庆 - 朱载垕 (jì)

⓭ 明神宗 - 万历 - 朱翊 (yì) 钧

⓮ 明光宗 - 泰昌 - 朱常洛

⓯ 明熹宗 - 天启 - 朱由校

⓰ 明思宗 - 崇祯 - 朱由检

目
CONTENTS
录

一　二　三　四　五　六

一

皇帝政绩

大考核

朱元璋听说现在各朝各代的皇帝们都流行群聊啦，心想老朱家也不能落后，所以决定也建个群，趁此机会好好检查一下子孙后代的政绩。这下可真是几家欢喜几家忧啊！

< 大明帝王群(16)　　　···

"朱元璋"邀请"朱标""朱允炆"加入了群聊

朱元璋

咱们也赶赶时髦建个群，我取的这个群名咋样？

朱允炆

"朱标"退出群聊

朱元璋

哎呀，我的好大儿，咋退群了呢？

朱允炆

我爹说他只做过太子，没做过皇帝，不适合待在群里。

朱元璋

说啥呢?标儿是我心中最好的皇太子，是最适合继承皇位的人。

< 大明帝王群(16)   ···

朱允炆

我一定会把这句话转达给我爹的。

朱元璋

允炆呐，你修改一下群公告，把继承者们都拉进来吧。

朱允炆

好的，皇爷爷，这就安排。

朱允炆

@ 所有人 本群为大明帝王群，旨在交流治国理政心得，联络感情。

贞儿的小可爱

一见面就考试的节奏呀！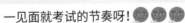

玄都境万寿帝君

我有点头晕、眼花，喘不过气。

威武大将军

小老弟，你这心态不太行呀！

朱元璋

这都谁呀，名字花里胡哨的。

威武大将军

太祖爷，我是朱厚照，大明朝第十位皇帝。

朱元璋

皇帝工作干得咋样?还兼职去当将军。

玄都境万寿帝君

威武大将军

你懂啥，这叫个性。再说了，你还不如我呢!

朱元璋

我有点晕，昵称都先改改。统一格式庙号 + 姓名如何?

玄都境万寿帝君

我的庙号明世宗不常用呢，大家喜欢叫我嘉靖皇帝。

威武大将军

+1，我是正德皇帝。

< **大明帝王群(16)** ⋯

贞儿的小可爱
+1

朱由校
+1

朱由检
+1

朱载垕
+1

朱常洛
+1

洪武-朱元璋
行行行，那就用年号＋姓名吧。

正德-朱厚照

万历-朱翊钧
谢谢老祖宗体恤。👍👍

永乐-朱棣
人齐了没？

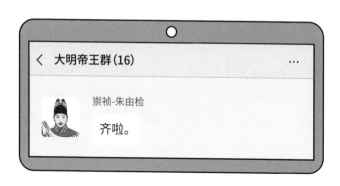

朱标：朱元璋的大儿子，也是建文帝朱允炆的父亲。朱元璋对朱标寄予厚望，自称吴王时便立其为世子。洪武元年（1368年），他选为皇储。朱标在监国期间体恤百姓，仁慈仁爱，深受朱元璋的喜欢。朱标在洪武二十五年（1392年）病逝，享年37岁，谥号为"懿文太子"。

万贞儿：她4岁入宫，19岁就在朱见深身边伺候。她年长朱见深17岁，在一定程度上弥补了朱见深自小缺失的母爱。朱见深继位后，本打算立万贞儿为后，却遭到了众人的一致反对。万贵妃因病身亡后，朱见深痛苦不已，曾说"万侍长去了，我亦将去矣"。万氏专宠也为后来的万安专权和汪直擅政埋下了伏笔。

正德帝朱厚照：据《明实录》记载，朱厚照曾经封自己为"总督军务威武大将军总兵官"，并且所有的文书都是以"威武大将军"这一封号盖章，他甚至还给自己取了个新的名字叫作朱寿，且自称"镇国公"。

嘉靖帝朱厚熜：朱厚熜是个迷信方士，崇尚道教的人，他的一生都在追求长生不老的道路上。为了神化自己，他甚至给自己取了个"灵霄上清统雷元阳妙一飞玄真君"的道号，但由于朱厚熜觉得这个道号威力不够，便又将道号的字数增加到35个字，为"太上大罗天仙紫极长生圣智昭灵统元证应玉虚总掌五雷大真人玄都境万寿帝君"。

后人以谥号、庙号、年号来称呼帝王。但是对于明清两朝的皇帝来说，民间则多使用年号，比如洪武皇帝、永乐大帝、康熙帝等。

朱元璋看到人都齐了，想想自己做了31年的皇帝，儿孙们怎么也不会比自己做得差吧。这么一想，嘴角控制不住地往上扬！

< **大明帝王群(16)**　　　　　...

天启-朱由校

有些人拉低了平均值呗 @ 泰昌 - 朱常洛 @ 洪熙 - 朱高炽 @ 建文 - 朱允炆。

洪武-朱元璋

最好给我一个合理的解释。

泰昌-朱常洛

只怪当时病急乱投医！

洪熙-朱高炽

我也是身体不允许啊！

洪武-朱元璋

唉，看来身体才是革命的本钱！

洪武-朱元璋

允炆呀，你又是咋回事？

建文-朱允炆

皇爷爷，您得去问 @ 永乐 - 朱棣。

永乐-朱棣

父亲，这事说来话长……

明朝国祚：从洪武帝朱元璋于1368年在南京称帝并建立大明起，一直到1644年崇祯帝朱由检在煤山自尽结束，明朝共历经276年。

泰昌帝朱常洛：朱常洛是明朝皇帝中在位时间最短的一位，自从他登基以后，沉迷于酒水美色，身体日益羸弱，后来竟一病不起，御药房诊治也没有效果。朱常洛听信鸿胪寺官员李可灼的话，吃了进献的"仙丹"，在位仅仅一个月就因病情恶化而去世了，历史上称这一事件为"红丸案"。

　　洪熙帝朱高炽：朱棣的大儿子，于永乐二十二年（1424年）八月登基，第二年的五月份在钦安殿暴毙身亡，在位时间不足十个月。后世对于其身亡原因猜测众多，比较可信的说法是突发疾病。朱高炽本就喜静厌动，喜爱美食，因此身体比较肥胖，又患有足疾。所以后世猜测，朱高炽极有可能死于心脏病发作。

　　建文帝朱允炆：于洪武三十一年（1398年）五月登基，是明朝的第二任皇帝。朱允炆登基之后实行了削藩，在此之后，朱棣以"清君侧，诛奸臣"为借口举兵造反，最终谋反成功，历史上称此次事件为靖难之役。朱棣即位后，建文帝朱允炆便不知所踪，这也让仅在位5年的他退出了历史的舞台。

　　出来混总是要还的！朱棣明白自己夺位这件事迟早会被提起，只是没想到会这么快。为了得到父亲的谅解，朱棣决定借此机会向朱元璋解释清楚自己起兵靖难的原因。

嘉靖-朱厚熜

是我给成祖爷改的庙号，@ 永乐 - 朱棣 您文治武功样样出色，当得起这个号。

洪武-朱元璋

宣德-朱瞻基

要不您先消消气，我爷爷将国家治理得不错，您先看他表现再发落也不迟呀。

洪武-朱元璋

说说你都干了啥?

洪武-朱元璋

永乐-朱棣

< **大明帝王群(16)**　　　　　···

永乐-朱棣

·)) 　　　 22 "

内阁大臣一设置，工作压力少一半；东厂组织成立后，天下万事全知晓；编修大典显国威，南征北战边境安；郑和带队下西洋，威名扬至东海岸；休养生息复民生，永乐盛世人人赞！

正德-朱厚照

学霸就是不一样，还会即兴说唱。

宣德-朱瞻基

爷爷还将都城从南京迁到北京，亲自镇守国门。

建文-朱允炆

你对朱棣有"粉丝滤镜"，说的话不能信。

洪武-朱元璋

表现不错，今天就暂时饶过你了。

洪武-朱元璋

划重点

　　中国皇帝庙号的排序是根据祖先的称号而定的，通常是"先祖后宗"，也就是说第一任皇帝的庙号应为"太祖""高祖"，继承者则称"太宗"。永乐帝朱棣作为明朝第三任皇帝，死后的庙号是"太宗"。1538年，嘉靖帝朱厚熜认为朱棣起兵靖难，具有开创之功，将其庙号改为"成祖"，并将永乐帝朱棣与洪武帝朱元璋并称为"明朝二祖"。

　　永乐盛世：指在朱棣统治阶段出现的一个盛世局面，并且同朱元璋时期的"洪武之治"、朱高炽与朱瞻基时期的"仁宣之治"合称为"明初三大盛世"。朱棣自登基即位之后便大展宏图、励精图治，努力提升经济、发展教育，这也让明朝初期国泰民安、富强昌盛。朱棣在位时期以"永乐"为年号，所以后人将其称为永乐盛世，并赞扬其"远迈汉唐"。

东厂：朱棣在永乐十八年（1420年）建立了东辑事厂，简称东厂，以此来进一步牵制锦衣卫。锦衣卫、东厂、成化帝创建的西厂，还有正德帝创建的内行长，合称厂卫，都是明朝的特权监察机构。它们的主要职能就是镇压人民和监视百官。厂卫制度在建立之初具有一定的反腐作用，使得专制中央集权得到了很大的强化。但是，随着皇权的日益扩张，厂卫的权利不断扩大，这也使正常的司法制度遭到破坏，社会矛盾不断被激化，最终加速了明朝的衰落。

《永乐大典》：一部集中国古代典籍于大成的类书，是朱棣命解缙和姚广孝二人共同编撰的，于永乐五年（1407年）五月完成。最初取名为《文献大成》，后朱棣为其作序并赐名《永乐大典》。这本书总计22877卷，大约3.7亿字。其内容涵盖了经史子集、天文地理、医术、占卜、手工艺、农艺等，堪称当时世界历史上最大的百科全书，是中国具有代表性的文化符号。

郑和下西洋：朱棣派郑和率领使团向南一路航行，最远航行至非洲东海岸和红海。尽管郑和出使的目的及其范围等历史事实，至今尚有争议，但是作为15世纪欧洲地理大发现之前的世界历史上规模最大的一次航海活动，其的确展示了大明朝的政治和军事优势，促进了中外文化交流。

朱棣对孙子朱瞻基十分喜爱，他几乎陪伴了朱瞻基的整个童年和青年时期，多次令朱瞻基跟随亲征，处理军政，可以说从小

就把他当继承者来培养。朱棣在永乐九年（1411年）将朱瞻基册封为皇太孙，朱高炽能够继承皇位一定程度上也沾了儿子朱瞻基的光。据说，朱棣曾有意传位给汉王朱高煦，但为了能让他喜爱的孙子朱瞻基继位，最终还是传皇位于他的长子朱高炽。

一提到检查政绩，群里就鸦雀无声，朱元璋决定发个红包，看看这些人都在不在线。

〈 大明帝王群(16)   **···**

 隆庆-朱载垕

 洪武-朱元璋

手速都挺快呀!

 隆庆-朱载垕

自动抢红包助手，了解一下。

 洪武-朱元璋

手气最佳朱瞻基，你在位时都干了啥?

 宣德-朱瞻基

运气来了，挡都挡不住。

 建文-朱允炆

接下来话筒交给你了。

 宣德-朱瞻基

我也没干啥大事，只不过平定了二叔朱高煦的叛乱，推行休养生息的政策，恢复民生，广开言路，积极纳谏，削减了一些不必要的支出。

大明帝王群(16)

永乐-朱棣

啥,你二叔也叛乱啦?

建文-朱允炆

还不是继承了四叔您的"优良传统"吗?

永乐-朱棣

建文-朱允炆

@ 宣德 - 朱瞻基 别停呀,继续继续。

宣德-朱瞻基

沉默是金。

正统-朱祁镇

我来说,我来说。

正统-朱祁镇

我父亲停止了郑和下西洋和皇家采买等有损民生的活动。

大明帝王群(16)

景泰-朱祁钰
当时百姓安居乐业，国泰民安，要不是你非逞英雄，率军北伐，咱们的好日子还能过得久点。

正统-朱祁镇
说咱爹呢，别踩我。

正统-朱祁镇

永乐-朱棣
不愧是我的好圣孙！

宣德-朱瞻基
谢谢爷爷！

宣德-朱瞻基
不过话说回来，当时的国泰民安有我老爹一半的功劳！

洪熙-朱高炽

哪里哪里，咱当皇帝的还不都是为了百姓嘛！

正统-朱祁镇

我爷爷知人善任、爱惜人才，为我留下了不少人才。

景泰-朱祁钰

可惜咯，他们都留在了瓦剌，只有你回来啦！

崇祯-朱由检

仁宣盛世是二位共同努力的成果。

正统-朱祁镇

你可真是我的好兄弟。

洪武-朱元璋

高炽、瞻基，你们爷俩表现都不错，接下来到谁啦？

永乐-朱棣

都主动点，可别等我点名哈！

大明帝王群(16)

大明帝王群(16)

宣德-朱瞻基

·)) 10 "

爱他的话，给他回答，我们的爱呀
爱呀没时差……

划 重 点

　　正德帝朱厚照在位期间荒废朝政，多次出巡游玩，正德十二年至十四年（1517年～1519年），他不顾群臣反对，出巡江南，是大明朝"资深驴友"。

　　崇祯帝朱由检继位之时，大明朝岌岌可危，负责财政的户部拖欠大量军饷，面临破产。为节省开支，朱由检提倡节俭，减少御膳花费、遣散宫伶，平时穿的衣服、鞋子的边缘都用布缝上。

　　朱高炽于洪熙元年（1425年）逝世，朱瞻基随之即位，第二年改年号为宣德。朱棣的次子，也就是汉王朱高煦，趁朱瞻基刚刚登基之时朝政不稳，以"靖难"之名起兵谋反，意图夺取皇位。朱瞻基御驾亲征，迅速平定了叛乱。

　　仁宣之治：又叫仁宣盛世，因明仁宗朱高炽与明宣宗朱瞻基时期明朝呈现出一派盛世局面，故被称作"仁宣之治"，并且其同"永乐盛世"并称为"永宣盛世"。朱高炽与朱瞻基在位时期励精图治，经济发展、仓廪充实、百姓安居、社会稳定，后人认为该时期可以与周朝的成康之治、汉朝的文景之治、唐代的贞观之治相媲美。

土木堡之变：正统十四年（1449年），明英宗朱祁镇在不知敌情且毫无准备的情况下，不顾大臣们的反对草率出征。加之英宗宠信宦官王振，将军务大事都交给王振处理，导致明朝军队屡战屡败。最终在土木堡被瓦剌军队击败，跟随朱祁镇出征的群臣多死于混战之中，明朝高级官员损失重大，朱祁镇更是被瓦剌大军俘获。后世认为此战之后，大明朝开始走向了下坡路。

朱元璋在明朝建立之初就分封了藩王，本是为了大明王朝的千秋万代和朱家子孙的万里江山着想。朱元璋没想到他身死不久，明朝便因削藩引发了藩王谋反、皇位更迭的变故。不过看到朱棣、朱高炽、朱瞻基这几人的优秀表现，他还是很欣慰的，也更想搞清楚大明朝是怎样走向末路的。

二

差生报到，
请保持微笑

政绩考核未完待续……几位表现优秀的皇帝已经陈述完毕，剩下的皇帝们政绩没几个是及格的，都不愿主动陈述，但又怕气到朱元璋。明孝宗朱祐樘觉得自己表现尚可，决定出面缓和群里的紧张气氛。

< **大明帝王群(16)**　　　···

弘治-朱祐樘

> 既然诸位还没有准备好，我就来讲述一下自己的为政举措吧。

洪武-朱元璋

弘治-朱祐樘

> 我即位之后，首先铲除了危害国家安定的奸佞小人，扫除黑恶势力！

洪武-朱元璋

> 干得好！

弘治-朱祐樘

> 我重视人才，重用大量贤能之人。

洪武-朱元璋

> 济济多士，乃成大业。

永乐-朱棣

> 赞同！

大明帝王群（16）

正德-朱厚照

我老爹勤谨一生，从不缺席每日早朝，又设午朝，与百官商讨国事。

正德-朱厚照

在我爹的不懈努力之下，大明朝重现昨日辉煌，后世称这一时期为"弘治中兴"。

洪武-朱元璋

祐樘表现也不错。哈哈哈，看来你们都挺有出息的！

建文-朱允炆

"中兴"这个词，用得妙呀！这"辉煌"应该挺短暂的。

万历-朱翊钧

孝宗一天要上两次朝，这也太"卷"啦！

万历-朱翊钧

　　弘治中兴：明朝在弘治帝朱祐樘统治下的短暂而辉煌的"治世"。朱祐樘是明朝中叶的一位明君，他登基之后便开始铲除奸臣小人，任用贤良人才，实施改革律法和赋税制度等一系列举措。在朱祐樘的努力下，明朝恢复了往日的荣光，不管是政治上还是经济上，均有了更进一步的发展。

　　朱祐樘不仅十分爱惜人才，对待臣子也十分宽厚，这为一大批有政治抱负的贤臣良子提供了施展才干的机会。因此，弘治时期能人辈出，后人都称此为"弘治朝中多君子"。

　　朱祐樘勤于政事，常批阅奏章到很晚，且从不允许太监代批。除了早朝外，朱祐樘又重开了永乐年间设置的午朝制度。不仅如此，朱祐樘还安排了文华殿用来议政，并在早午朝之外其余的时间里同内阁谈论、商讨政事。

　　朱元璋对朱祐樘的表现也很满意。朱允炆不甘心朱棣的儿孙们一直被夸，趁机嘲笑弘治中兴时间短暂。宅男朱翊钧不禁感叹朱祐樘实在太"卷"了，朱厚照见状便出面维护父亲。

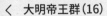 大明帝王群(16) ···

正德-朱厚照

你自己"摆烂"，还不允许别人努力啦!

万历-朱翊钧

我那叫韬光养晦。😎

万历-朱翊钧

别忘了我可是咱大明在位时间最长的皇帝，您就是活动量太大了，才会"英年早逝"。😑

正德-朱厚照

@泰昌 - 朱常洛 你爹说他在位时间最长，你有啥想说的吗?

泰昌-朱常洛

·)) 10 "

我能想到最浪漫的事，就和你一起慢慢变老。

万历-朱翊钧

29

大明帝王群(16)

正德-朱厚照

30多年不上朝，你还挺骄傲。

洪武-朱元璋

万历-朱翊钧

太祖您别着急，我把活都交给内阁首辅张居正了！他实行的改革大大促进了社会经济的发展呢。

正德-朱厚照

都是人家张居正的功劳，有你啥事？

万历-朱翊钧

没我的允许，他啥也干不了。

崇祯-朱由检

明白了，所以张居正改革也被称作"万历中兴"。

洪武-朱元璋

我一生兢兢业业，天天奏折批到半夜。你倒好，说不上朝就不上朝。

划重点

万历怠政：万历中后期，万历皇帝朱翊钧因"国本之争"和对文官集团的不满，不愿上朝，常以诏书的方式来处理政务。据《明实录》记载，万历十四年（1586年）九月，朱翊钧以身体不适为借口，连日免朝，"怠政"渐启端倪。到万历四十八年（1620年），朱翊钧病重去世，其怠政时间长达30余年。也有观点认为，朱翊钧怠政时间为20年，因为在万历二十八年（1600年），朱翊钧还曾指挥大军，平定了地方叛乱。

朱翊钧是明朝执政时间最长的一位皇帝。朱翊钧即位于隆庆六年（1572年），于万历四十八年（1620年）逝世，终年58岁，在位时间将近48年。其子朱常洛即位时已经38岁，在位仅一个月就因病去世了，是明朝在位时间最短的皇帝。

正德帝朱厚照在南巡回京的路上经过清江浦，他一时兴起便架着船捕鱼，不慎落入水中。亲侍们虽然把他救了起来，但是水已经呛进肺中，再加上惊吓过度，朱厚照竟然一病不起。大约一年后，31岁的朱厚照病逝。与他命运相似的还有天启帝朱由校。朱由校也是游玩时落入水中，因惊吓过度落下了病根，最后不治身亡，去世时才22岁。

张居正改革：也称为"万历中兴"，是明朝时期内阁首辅张居正在政治、经济、国防等方面进行的一次变革。这次变革在某种意义上加强了中央集权、增加了财政收入、增强了军事实力、促进了商品经济的发展。然而，这场变革触及一些大地主和贵族的基本利益。张居正于万历十年（1582年）病逝后，除一条鞭法以外的所有改革措施均被废止，改革以失败告终。

朱元璋听到老朱家竟然还有皇帝30多年不上朝，气得差点喘不上气。朱翊钧为了转移战火，将爷爷嘉靖给抖了出来。这波操作更是气坏了朱元璋！

大明帝王群(16)

泰昌-朱常洛

您啥时候有空，给我们传授一下养生经验。

嘉靖-朱厚熜

请关注公众号"万寿帝君养生课堂"。

洪武-朱元璋

嘉靖-朱厚熜

老祖宗，我初登帝位也进行过一系列改革，史称"嘉靖新政"。

天启-朱由校

嘉靖嘉靖，家家干净，您也没给我留下多少家底！

嘉靖-朱厚熜

大明江山都让你给败光了，你还说我。

划 重 点

　　嘉靖帝朱厚熜在嘉靖二十一年至四十五年（1542年～1566年）这24年中，只有三次朝见大臣的记录，创新了明朝皇帝怠政的记录，后来该记录被万历皇帝朱翊钧打破。

　　在明朝16位皇帝中（除了下落不明的建文帝朱允炆之外），只有洪武帝朱元璋、永乐帝朱棣、嘉靖帝朱厚熜、万历帝朱翊钧四位皇帝的寿命超过了50岁，其他历代皇帝的寿命都没有超过40岁。

　　朱厚熜在即位前期积极整顿吏治，并改革赋役制度，这对明朝的经济发展起到了一定的推动作用，同时减轻了明朝的负担，后世将这一时期实施的改革称为“嘉靖新政”。到了嘉靖中后期，朱厚熜逐渐丧失进取精神，沉迷修道，导致奸臣严嵩擅权，朝政也日渐腐化。

朱由校嘲讽朱厚熜时引火烧身，被人指出是个文盲皇帝。朱元璋听到后，心生疑问，大明朝怎么还有个文盲皇帝？得问清楚是怎么回事儿。

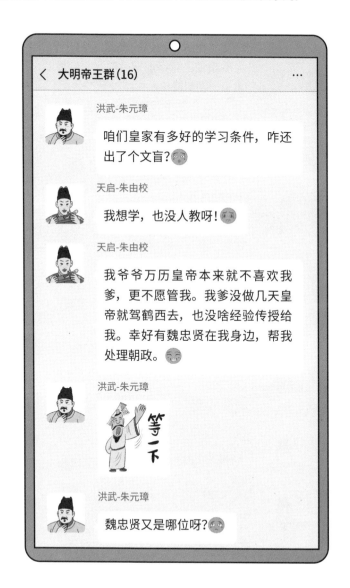

大明帝王群(16)

崇祯-朱由检

魏忠贤是我哥身边的宦官，我哥十分看重他。可惜他把持朝政、陷害忠良、剥削百姓。

洪武-朱元璋

朱由校，你还重用宦官!我当初严令禁止宦官干政，你不知道吗?!

天启-朱由校

老祖宗，您得问宣宗，是他先培养宦官读书写字的!

宣德-朱瞻基

我也是为了制衡文官集团的发展，平衡各方势力。

洪武-朱元璋

你们一个个都有理由，把我的话当耳旁风!

洪武-朱元璋

大明朝就这样葬送在你们手中了!

洪武-朱元璋

划 重 点

天启帝朱由校的祖父万历帝朱翊钧沉迷享乐，并没有时间去关心皇太孙的教育问题。朱由校的父亲泰昌帝朱常洛也是个短命皇帝，且生母早逝，也都无法照顾他。因此，朱由校在登基的时候文化水平很低，被称作"文盲皇帝"。

魏忠贤：明朝末期太监，万历年间被选入宫。进宫之后，他通过巴结当时的司礼秉笔太监，到皇太子朱常洛的宫中服侍。魏忠贤后来又与皇长孙朱由校的乳母客氏交好，因此受到朱由校的喜爱。朱由校即位后沉迷玩乐，将国家大事全都交给魏忠贤处理。魏忠贤趁机结成党羽、把持朝政，被称为"九千九百岁"，这就让当时的人们"只知有忠贤，而不知有皇上"。崇祯帝朱由检登基后，便下定决心要严惩宦官阉党。魏忠贤知道这次自己必定在劫难逃，便上吊自杀了。

朱元璋从秦汉的覆灭中汲取了教训，严格禁止太监对朝政进行干涉。他下令铸造一块铁牌子，上面写着"内臣不得干预政事，犯者斩"，并悬挂于宫门之上，以警示后世子孙。朱棣即位后，为了控制外廷大臣，又开始允许宦官参与政事。朱瞻基时期又设立"内书堂"，让翰林院的学士教太监读书写字。到朱祁镇时期，太监王振深受皇帝信任，宦官专政的局面开始出现。

经过朱厚熜、朱翊钧、朱由校几人的轮番轰炸，朱元璋差点被气晕。皇帝们看到老祖宗发火，一句话都不敢说了。朱瞻基灵机一动，让大明王朝的最后一位皇帝朱由检讲讲亡国的历史，大家一起分析一下亡国的原因。老朱家众人如同抓住了救命稻草一般，纷纷附和起来。

大明帝王群(16)

崇祯-朱由检

想当初我从兄长手中接过大明江山，立志要恢复大明昔日的辉煌。我凡事都亲自处理，从不假手于人，起得比鸡早，睡得比狗晚。

崇祯-朱由检

当初阉党专政，我好不容易才找到机会将他们一举剿除，平反冤狱，恢复东林党人的名誉。

洪武-朱元璋

扫黑除恶，绝对不能手软！

天启-朱由校

没想到魏忠贤给你带来这么多麻烦。老弟，你可真是辛苦了。

宣德-朱瞻基

真是难为你了！

天启-朱由校

雪上加霜的是，老弟在位那几年正赶上小冰河期，灾荒频繁、粮食歉收，西北和中原地区受灾严重。

大明帝王群(16)

嘉靖-朱厚熜

> 这也太难了，屋漏偏逢连夜雨啊！

崇祯-朱由检

> 可不是嘛，灾荒之后，多地爆发瘟疫，盗匪与流民四起，农民起事不断！😣😣😣

宣德-朱瞻基

> 没有最惨，只有更惨！😫😫😫

崇祯-朱由检

> 李自成搞事情也就罢了，皇太极也对我大明江山虎视眈眈。

洪熙-朱高炽

> 没想到你的处境如此艰难。

崇祯-朱由检

> 我也想恢复大明昨日辉煌，可是大厦将倾，非一木可支。我也只能在城破之时以身殉国！😔

宣德-朱瞻基

> 相信你已经尽力了！

朱由校自不慎落水后，身体状态便一直不好，也没有子嗣继位。他在弥留之际，召信王朱由检到寝宫，说"吾弟当为尧舜"，有意让其继承皇位。

崇祯帝朱由检登基后，一心想要振兴明朝。他命人写了一块牌匾，上面写着"敬天法祖"四个大字，并将其挂在了乾清宫的大殿之上。另外，他还让人在文华殿、武英殿的屏风上绘制历代明君贤臣图，勉励自己要做一名明君。

　　朱由校去世后，阉党发生内讧，朱由检即位后趁机将其一举铲除，平反了天启末年东林党人的冤案。但是，朱由检志大才疏，缺乏治国能力，又生性多疑、专横残暴，导致朝堂党派林立，统治集团内部分崩离析。朱由检刚愎自用的个性导致其对军国大事的决策屡屡失误，从而加速了明朝的灭亡。

　　明朝末年处于世界历史上第四次小冰期的寒冷期，恶劣的气候引发了众多自然灾害，进而导致灾荒，引起了社会动荡。

　　崇祯年间，农民起义从未停止过，在此期间李自成的起义军是实力最强，也是最有影响力的一支。李自成的军队于崇祯十六年（1643年）攻进北京。崇祯帝眼见形势不妙，将自己的公主、妃子全部斩杀，最后在景山的一棵歪脖子树上自尽。

　　崇祯帝虽然是明朝的末代皇帝，但是他却与历史上其他的亡国之君不同，他没有被后世指责、批评。崇祯帝在位时期，明朝已处于内忧外患的境地，并非他一人之力可以挽救。加之其以身殉国的壮举，使得后世对他十分同情。

　　朱元璋在位之时兢兢业业，勤政爱民，为大明朝开了个好头。朱棣、朱瞻基、朱祐樘等人也励精图治，成为一代贤君。可惜明朝后期的皇帝一个比一个败家。朱由检虽说是明代中后期为数不多有政治抱负的君主，可是他即位之时，明朝积重难返，已经是强弩之末，非一人之力能够挽回！

老朱威武

三

大家都是
特长生

距离高考还有一个月时间,大明朝的皇帝们也感受到了考试的压力。如果他们去参加高考,估计过不了本科线。不过不用担心,他们个个多才多艺,做特长生也可以走上人生巅峰!

< 大明帝王群(16)　　　···

弘治-朱祐樘

距离高考只有30天啦！

万历-朱翊钧

看着考生们废寝忘食的，搞得我都有点紧张了。

正德-朱厚照

你的共情能力还挺强。

崇祯-朱由检

毕竟读书是普通人逆袭的最好出路。

洪熙-朱高炽

咱们大明王朝的学子们为了科举考试也很努力。

嘉靖-朱厚熜

还好俺的皇位是祖传的。

正德-朱厚照

如果做皇帝也需要考试的话，那在座的都是……

正德-朱厚照

< **大明帝王群(16)**　　　…

崇祯-朱由检

谁说的，我们也是有点才艺在身上的好吧。

天启-朱由校

艺术特长生请求出战！

泰昌-朱常洛

阿校平时就喜欢捣鼓他那点木头。

崇祯-朱由检

宫里的木工看了我哥做的家具都赞不绝口呢！

天启-朱由校

低调低调。

正德-朱厚照

既然如此，造座宫殿让我瞧瞧。

天启-朱由校

造宫殿都是小意思啦！请大家移步我的视频账号"校木工说"，里面上传了我亲手打造的宫殿模型视频。

大明帝王群(16)

隆庆-朱载坖

这么厉害啊，这就去看看！

宣德-朱瞻基

这孩子动手能力是挺强。

正德-朱厚照

说到动手能力，就不得不提我爹这位牙刷发明家了。

弘治-朱祐樘

爱护牙齿，人人有责。

天启-朱由校

我们都是小天才。

成化-朱见深

@天启-朱由校 你接活不?给俺家贞儿预约个梳匣!

嘉靖-朱厚熜

那我预约一个丹丸匣子。

天启-朱由校

我的手工费可不便宜。

成化-朱见深
好说好说，立马转账。

天启-朱由校
来啦 来啦

洪武-朱元璋
看来你不是不爱学习，只是不爱做皇帝！

嘉靖-朱厚熜
有句话说得好，兴趣是最好的老师。

划 重 点

在明朝，科举考试一共可分为童试、院试、乡试、会试、殿试五个等级，考生只有通过乡试才有资格为官。明代采取"八股取士"的方法考试，对文章的内容和结构进行严格限制，严重束缚思想的发展。

天启帝朱由校最大的兴趣就是做木工，且技艺精湛，人称"木匠皇帝"。据说，凡是他见过的木质家具、亭台楼阁，他都会制作。在《旷园杂志》中曾记录过，朱由校根据乾清宫的样子建造了一座与之相似的小宫殿。朱由校的遗作寥寥无几，只有一件名为"江山在握"的笔架，以一亿元人民币的价格被拍卖出去。

在中国古代，人们常用的清洁牙齿的方法就是用温盐水漱口，然后再用手指搓搓牙齿。弘治帝朱祐樘因忙于政事时常忘记漱口，牙齿疼痛不已，于是他开始琢磨如何将牙缝里的食物残渣清理干净。他让工匠将兽骨磨成长条手柄，在手柄的一头挖出很多小孔，然后将洗干净的猪鬃毛塞到小孔中固定住，这样便做出了世界上第一把牙刷。

朱元璋这才明白孩子们不是没时间读书,只是把时间都用在发展兴趣爱好上了。沉迷修道的朱厚熜站出来为朱由校说话,朱元璋趁机询问朱厚熜有什么特长。

大明帝王群(16)

正德-朱厚照

听着就不是啥正经爱好。

永乐-朱棣

效果咋样，管用不?

嘉靖-朱厚熜

我能活到60岁，这都是仙丹的功劳。除了太祖和成祖，你们谁活得比我久?

天启-朱由校

还有库存不?给我分点!

嘉靖-朱厚熜

搜索"熜熜保健药品旗舰店"，找"延年益寿滋补养生丸"，今日下单，明天送达!

建文-朱允炆

请及时下载国家反诈中心 App。

洪武-朱元璋

哈哈，还是乖孙儿警惕性高。

〈 **大明帝王群(16)** ···

崇祯-朱由检

@ 天启 - 朱由校 哥，你别冲动，药可不能乱吃。

泰昌-朱常洛

我就是信了别人的鬼话，吃了进献的"仙丹"才死的！

正德-朱厚照

你这特长还不如天启的木工手艺实在。

洪武-朱元璋

吃啥仙丹都不如坚持锻炼！

永乐-朱棣

饭后走一走，活到九十九！

洪熙-朱高炽

饭后趴一趴，活到一万八！

永乐-朱棣

@ 洪熙 - 朱高炽 是我最近对你太好了吗？

洪熙-朱高炽

我哪敢说话呀

正德-朱厚照

要我说，还是保持心情愉悦，才能长命百岁！

划重点

　　嘉靖帝朱厚熜多年来一直荒废朝政，为求长生，他经常派遣手下四处采摘灵芝，且服用道家所炼的丹药。实际上，道士所炼的丹药中含有水银、砒霜、朱砂、雄黄等物质，如果长期吃这种丹药会引起慢性中毒。后世认为，朱厚熜可能是因为长期服用丹药中毒而死。

　　朱厚熜的特长被朱元璋否定，又遭受朱厚照的一顿狂怼，难免心里憋屈，这下终于找到机会反击了。

大明帝王群(16)

嘉靖-朱厚熜

你可以说是大明朝最会玩的皇帝了。

洪武-朱元璋

没想到"明朝之最"还有"最会玩"的意思！

嘉靖-朱厚熜

旅游探险、饲养宠物、角色扮演……

天启-朱由校

果然"城会玩"鼻祖！

正德-朱厚照

我这是为大明娱乐事业的发展做贡献。

正德-朱厚照

永乐-朱棣

我从未见过如此厚颜无耻之人。

52

大明帝王群(16)

正德-朱厚照

过奖过奖。

弘治-朱祐樘

儿子，有没有一种可能，别人是在讽刺你？

正德-朱厚照

洪武-朱元璋

整天不务正业，你还有理了！

正德-朱厚照

不不不，我这是继承前辈的优良传统。

洪武-朱元璋

从哪里继承来的?!

正德-朱厚照

@宣德-朱瞻基 出来吧，我亲爱的"促织皇帝"。

大明帝王群(16)

正德-朱厚照

请开始你的表演

宣德-朱瞻基

阿照，我是真的会谢！

永乐-朱棣

哎呀，大孙子你啥时候有这外号啦？

宣德-朱瞻基

不过是闲暇时的消遣罢了。

建文-朱允炆

听说当时就因为你喜欢斗蛐蛐，导致蛐蛐在宠物市场的价格飙升，价格比黄金都贵。

宣德-朱瞻基

文献记载有夸大的成分，大家不要相信！

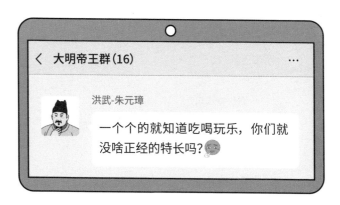

划 重 点

正德帝朱厚照在位期间沉迷享乐，甚至以御驾亲征为借口巡游江南，一年半后才返回北京。他还在宫中修建了街道坊市，并让宫中的太监、仆人们假扮商铺老板和百姓，而朱厚照本人则扮演成商人，整天在里面游玩。除此之外，朱厚照还下令修建了一间有妓院、校场、佛寺等场所的豹房，是集吃喝玩乐于一体的享乐之地。

促织皇帝：曾有野史、文献记载，宣德帝朱瞻基有养蛐蛐、斗蟋蟀的爱好。蟋蟀在古代又叫"促织"，所以朱瞻基又被称为"太平天子，促织皇帝"。《明朝小史》里记载各地官员为了讨皇帝开心，在民间高价购买蟋蟀，导致蟋蟀比黄金还贵。

看到皇帝们的特长不是吃喝玩乐，就是问道修仙，朱元璋被气得在发火的边缘徘徊。为了让朱元璋消气，同时也为了挽救儿子朱瞻基的声誉，一直"潜水"的朱高炽表示朱瞻基画画不错，算得上是个美术特长生。

大明帝王群(16)

洪熙-朱高炽

大家不要只关注我儿的这点爱好啦，他的绘画作品可多啦！

永乐-朱棣

来吧，大孙子展示一下！👍👍

宣德-朱瞻基

业余爱好，不值一提。😶

弘治-朱祐樘

太谦虚了，您可是咱们大明朝画画最好的皇帝！😱

天启-朱由校

在绘画方面，您和老赵家的徽宗不相上下！

永乐-朱棣

大孙子可以啊！

洪武-朱元璋

瞻基，你可真给咱们老朱家争光！

嘉靖-朱厚熜

无图无真相。🌚

< 大明帝王群（16）　　　　　　···

宣德-朱瞻基

哈哈，朋友圈刚更新了几幅，献丑啦！

洪武-朱元璋

这就去点赞。

永乐-朱棣

正德-朱厚照

@ 宣德 - 朱瞻基 这么看，成化爷就是继承了您的优良基因呢。

弘治-朱祐樘

我爹不仅仅美术好，书法也不错。

宣德-朱瞻基

不愧是我的大孙子！

成化-朱见深

向爷爷看齐。

大明帝王群(16)

洪武-朱元璋
这还算是正经爱好。😬

洪武-朱元璋
奖励红包
红包

宣德-朱瞻基
多谢太爷爷！😁

嘉靖-朱厚熜
哇哦，大红包！😆

洪武-朱元璋
@ 万历 - 朱翊钧 最佳手气出列发言。

万历-朱翊钧
敢问，在位时间特长行不?😬

隆庆-朱载垕
儿子，没有特长咱就别硬说。😑

崇祯-朱由检
其实我爷爷的书法造诣一点也不逊
于南唐后主和宋徽宗！😶

泰昌-朱常洛

张居正还说我爹是字写得最好的皇帝！

洪武-朱元璋

这么厉害，看来是遗传了我的优良基因。

天启-朱由校

老祖宗，您不是没上过学吗，咋还有这基因？

天启-朱由校

永乐-朱棣

我爹小时候家里穷才没上学，参军打仗之后，身边的文化人多了，也就学会了读书写字，字写得还贼好！

天启-朱由校

老祖宗您太励志了！

划 重 点

宣德帝朱瞻基在书法、绘画上的造诣颇高，足以和宋徽宗一较高下。朱瞻基的绘画以人物、花鸟、山水、昆虫为主，较出名的作品有《双犬图》《花下狸奴图轴》《壶中富贵图》等。朱瞻基的书法造诣也不逊色于绘画，以《御笔一枝花》和《御制上林冬暖枝》上的题跋最佳。

在朱瞻基的影响下，孙子朱见深也很擅长绘画，作品主要以神像、金瓶、花卉为主，比较著名的《一团和气图》现藏于故宫博物院。目前，在中国台北故宫博物馆和吉林省博物馆还分别可以看到朱见深的《达摩图》和《双喜图》。朱见深的绘画作品兼具南宋院体和明代浙派的特点，具有鲜明的个性和独特的风格。

万历帝朱翊钧自幼爱好书法，12岁就写得一手好字，成年后书法水平更是日趋完美，张居正等人也表示他是明朝书法水平最高的皇帝。朱翊钧受到表扬后沾沾自喜，一度沉迷书法，荒废学业。张居正等人便规劝他以国家大事为重，他听后收敛了自己写字的兴趣，也不再向大臣们炫耀自己的书法了。

很多人认为朱元璋没什么文化，事实却恰恰相反，他不仅识字，还写得一手好字。他的字虽然不能与书法家相比，但是字迹工整、行笔流畅、刚劲有力。这对于一个没有接受过系统教育的人来说，已经非常不错了。朱元璋的传世作品不多，比较有名的是现存于故宫博物院的《大军帖》。

朱瞻基、朱翊钧这两位皇帝文化水平都很高，朱元璋看到老朱家有这么优秀的孩子感到十分高兴。不过作为文武兼备的开国君主，朱元璋还想知道儿孙们的武力值怎么样，"战争天才"朱棣赶紧回复，抓住机会表现一下。

< **大明帝王群(16)**　　　···

 宣德-朱瞻基

爷爷打小就在军队历练，后来又北征蒙古、南征安南，武力值杠杠滴！

 洪武-朱元璋

这孩子从小就喜欢打仗，看来真是天赋异禀呀！😊😊😊

 正统-朱祁镇

哇!偶像，从今天起您就是我的神!

 正统-朱祁镇

 洪熙-朱高炽

唉!我爹不是在打仗就是去打仗的路上。😊

 永乐-朱棣

瞧把你愁的。😊

 洪熙-朱高炽

主要是老把我留在家里处理国家大事，这可把我累坏了。😊

大明帝王群(16)

宣德-朱瞻基
哈哈，我爹给爷爷当了十几年的副手，身体累垮了，转正之后不到一年就走了。

永乐-朱棣
@洪熙-朱高炽 大红包补偿一下！

永乐-朱棣

专属红包
红包

宣德-朱瞻基
啊，一不小心点开了！

洪熙-朱高炽
爹，你倒是给我私发呀，我正啃着烤鸭呢，手速跟不上！

永乐-朱棣
你可少吃点吧，瞅瞅你都胖成啥样了！

划重点

朱元璋以武力建国，因此十分注重儿子们的军事训练。朱棣一生都热爱战争，对打仗充满了热情，曾跟随徐达与蒙古军作战，之后又被派到北平就藩，镇守国门。当了皇帝之后，朱棣又北征蒙古，南征安南，最终死在了北伐回京的路上。

在朱棣北征或北行期间，皇太子朱高炽留守南京并暂时代理皇帝监管国家大事。朱高炽一共6次监国，总时长约13年。朱高炽长期监国，历尽艰难，在处理日常事务的同时还要消除朱棣的疑心。这导致他心力憔悴，即位不到一年便因病去世。

朱高炽性格沉稳端重，温文尔雅，知书达理，言行举止得体，受过正式的武术和儒学教育，因此深受皇祖父朱元璋的宠爱。

朱高炽过度肥胖，甚至已经影响到自由行动，常常走几步路就累得气喘吁吁。朱棣不想自己辛苦培养的继承人英年早逝，曾下令让人控制朱高炽的饮食，督促朱高炽减肥。但是作为一个吃货，朱高炽没有坚持几天，便让厨子偷偷给自己做宵夜吃，减肥也以失败告终。

明朝天子们中有木匠天才、制药高手、绘画大师、书法大家、战争天才、美食博主……还真是多才多艺，个个是能人！

老朱威武

四

大明皇帝
背后的男人

　　俗话说，每一个成功男人的背后总有一个默默付出的女人。那么，每一个皇帝的背后总有一群默默付出的男人。他们可以是前朝的文武百官，也可以是皇宫内的宦官。他们在一定程度上影响着大明王朝的历史走向，有的帮助明朝走向巅峰，有的则加速明朝的灭亡。

弘治-朱祐樘

今天翻看臣子们呈来的奏折，真是感慨万千呀！他们总能及时提出一些好建议，帮我把国家治理得井井有条。

成化-朱见深

是呀，大明王朝的发展离不开文臣武将的鼎力相助。

洪武-朱元璋

那不如借此机会都介绍一下自己背后的男人吧。

永乐-朱棣

万历-朱翊钧

那要不永乐大帝先来给我们打个样儿。

永乐-朱棣

那我要讲的可就多了，一天一夜都不带重复的。

67

大明帝王群(16)

崇祯-朱由检

建文-朱允炆

@ 永乐 - 朱棣 四叔，小心打脸。

永乐-朱棣

谢谢大侄子的关心，打脸这事儿就没在我身上发生过。

永乐-朱棣

咱先说奉天靖难 F4：丘福、朱能、张玉、张辅。他们跟随我南征北战，一个比一个厉害！

天启-朱由校

我猜您的下一句话是：多亏了他们，我才能登上皇位。

永乐-朱棣

他们是有很大的功劳啦！

洪熙-朱高炽

我爹能够取得靖难之役的成功，离不开我的老师姚广孝的帮助。

朱元璋将功臣爵位的封号划分为四个等级，依次是开国辅运、奉天靖难、奉天翊运和奉天翊卫。朱棣以"清君侧，诛奸臣"为旗号夺取了天下，他给早年开始一直跟随在自己身边的丘福、朱能、张玉、张辅冠以"奉天靖难"的封号，世人称这四人为"奉天靖难四公爵"。

姚广孝：元末明初的政治家、佛学家、文学家。他一直在朱棣身边出谋划策，朱允炆实行削藩政策后，他力劝朱棣起兵。朱棣发动靖难之役时，他则在北平辅佐朱高炽，帮朱棣稳住后方。朱棣登基后，姚广孝被封为资善大夫，兼任太子少师，因此朱棣常称呼他为少师。朱棣命他先后教导、辅佐朱高炽和朱瞻基两位储君。因为他出家为僧，又常穿着一身深色的僧衣，所以被称为"黑衣宰相"。

朱允炆看见这几个人名有一种莫名的熟悉感，这不就是当初害自己变成走失儿童的罪魁祸首嘛！他赶忙在群里哭诉，希望获得大家的同情。

< **大明帝王群(16)** ⋯

 建文-朱允炆

就是这几个人攻我城门，杀我大将，害我走失！

 宣德-朱瞻基

大伯，还不是因为您执意削藩，相继废除几位亲王的爵位，贬他们为庶人，湘王被您逼得放火烧死了自己！

 洪熙-朱高炽

是呀，我爹也是被逼的！

 洪武-朱元璋

允炆呐，你这做得就太过分了，你之前可不是这么和我说的！

 建文-朱允炆

唉，当初也是听了黄子澄、齐泰的话，我才下定决心要削藩，没想到后来事情竟发展到不能控制的地步。

 建文-朱允炆

大明帝王群(16)

洪武-朱元璋
作为一国之主，要心志坚定，是非对错要有自己的判断，臣子的建议也不能全听。

永乐-朱棣
要我说，还是大侄子看人的眼光不行。

建文-朱允炆
你给我退！退！退！

宣德-朱瞻基
不光我爷爷，我们全家眼光都比你好！我在位时的国家栋梁也不少！

洪武-朱元璋

宣德-朱瞻基
别的咱不说，于谦于少保大家都知道吧。

天启-朱由校
他相声说得不错。

大明帝王群(16)

正德-朱厚照

人家说的是大明功臣于谦,好不?

崇祯-朱由检

是写"粉身碎骨浑不怕,要留清白在人间"的于谦吗?

洪熙-朱高炽

恭喜你答对了!

洪武-朱元璋

能写出这样诗句的人,一定心怀大志、品格高洁!

洪熙-朱高炽

于谦年少有为,23岁便考中了进士!

宣德-朱瞻基

我二叔朱高煦谋反时,于谦作为御史跟随我出兵镇压,将投降后的二叔骂得头都抬不起来!

景泰-朱祁钰

当初我哥被瓦剌俘走,瓦剌军打到北京城外,多亏于少保率领军队击退了他们,我大明朝才转危为安!

朱允炆为皇太孙时就担心诸王拥兵自重，开始考虑削藩。朱元璋曾问朱允炆："如果众藩王不安分，该如何应对？"朱允炆回答说："以德怀之，以礼制之，再不行就削夺封地和封号，还不行就带兵讨伐。"后来朱允炆就这一问题询问翰林学士黄子澄和兵部尚书齐泰的意见，二人建议应该在诸王谋反之前就进行削藩。朱允炆即位不久，便着手削藩，相继削夺周王、湘王、齐王等人的封号和兵权，湘王朱柏无以自明，自焚而死。

于谦：明朝政治、军事家，因为官至少保，世人称其为于少保。他于永乐十九年（1421年）考中进士。宣德初年，汉王朱高煦发动兵变，于谦以御史的身份随朱瞻基平定叛乱。土木堡之变后，瓦剌军队攻至北京城下，于谦奉命保卫京城，运用高明的军事计谋取得了胜利。景泰八年（1457年），朱祁镇在石亨、曹吉祥等人的拥护下复位。他听信曹吉祥等人的谗言以谋反的罪名处死了于谦。事后朱祁镇也十分后悔，成化帝朱见深即位后恢复了于谦的官职和赐祭。

《石灰吟》是于谦所写的一首七言绝句。全文为："千锤万凿出深山，烈火焚烧若等闲。粉身碎骨浑不怕，要留清白在人间。"于谦借石灰表达了他远大的理想和洁身自好的品质。他始终都没有忘记曾经的梦想与追求，成为一位廉洁、正直的官员。

朱祁镇知道自己处死于谦一事早晚会被捅出来，只是没想到这一天来得这么快！为了不让自己成为众矢之的，他赶紧出来为自己开脱。

< **大明帝王群(16)** ···

景泰-朱祁钰

打仗、杀人全都是被奸人蛊惑，你是一点错都没有呗！😑

宣德-朱瞻基

我当初可是给你留下了"三杨"，你咋不多听听他们的意见？😑

正统-朱祁镇

他们担任内阁辅臣的时候，大明确实是边防安定、百姓安居。但他们毕竟历经永乐、洪熙、宣德三朝，到我朝时都已年过花甲，交流起来有代沟。😶😶😶

景泰-朱祁钰

听这意思，你和王振没代沟呗！😑

正统-朱祁镇

从小"王伴伴"就一直在我身边，这情谊岂是其他人能比的？

弘治-朱祐樘

所以您就任由他把持朝政，作威作福？💔💔💔

< 大明帝王群(16) ⋯

洪武-朱元璋
> 早就告诉你们宦官不能干政，就是不听！😠

正德-朱厚照
> 要说宠信宦官，咱们谁都比不了由校。😏

天启-朱由校
> 人在家中坐，"锅"从天上来。各位祖宗，我啥也没说呀！😤

天启-朱由校

嘉靖-朱厚熜
> 就说我堂兄说得对不对吧。

崇祯-朱由检
> 我哥把魏忠贤都宠成"九千九百岁"了！😤

天启-朱由校
> 又不止我一个人宠信宦官，大家别光说我 @ 正德 - 朱厚照。

"三杨"指的是杨士奇、杨荣、杨浦。三人历经永乐、洪熙、宣德、正统四朝，先后官至台阁重臣。他们任辅臣期间边防安定、政治清明，明朝的国力得到持续发展。因为三人主持内阁时的出色表现，促使内阁成员由原来的政治顾问向具有丞相性质的辅臣转变。朱瞻基临终之际将长子朱祁镇托付给三人，只可惜当时三人都已经年过六十，几年之后都相继去世了。

王振是明朝初年的宦官。他被朱瞻基派到东宫服侍太子朱祁镇，朱祁镇对他也十分信任和依赖，亲切地称呼他为"王伴伴"。朱祁镇即位后，因张太皇太后和"三杨"等人的存在，王振无法干预政事。朱祁镇亲政后，王振凭借朱祁镇的宠信勾结官僚，作威作福。正统十四年（1449年），瓦剌入侵，王振力劝朱祁镇亲征，又邀请朱祁镇到他老家府宅，耽误了行军进程，一定程度上导致了明军在土木堡的惨败，王振也死于乱军之中，朱祁镇复辟后还下诏为其正名。

明朝有好几位皇帝都重用宦官，朱由校不甘心只有自己一个被骂，将朱厚照揪了出来。

< 大明帝王群(16)

正德-朱厚照

天启-朱由校

以刘瑾为首的八个宦官诱导你沉迷享乐，他们把持着朝政。

崇祯-朱由检

还惩治谢迁、刘健这些忠心进谏的老臣。

弘治-朱祐樘

儿子，你就是这么对待我给你留下的人才的?

正德-朱厚照

爹，我那时年龄小不懂事，看清他们的真面目后，我果断处置了!

嘉靖-朱厚熜

堂哥，这可真是你干的为数不多的好事!

大明帝王群(16)

正德-朱厚照

传位给你算不算是一件好事？

嘉靖-朱厚熜

正统-朱祁镇

听说嘉靖在位时出了一个大奸臣严嵩。

成化-朱见深

哦?说来听听。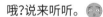

正统-朱祁镇

严嵩和他儿子严世蕃趁着嘉靖修仙问道的时候专权乱政，把持朝政十几年。

洪武-朱元璋

@嘉靖 - 朱厚熜 整天不务正业才让奸臣钻空子！

嘉靖-朱厚熜

老祖宗别生气，我后来也看清了这对父子的真面目，把严嵩撵回老家，又处死了严世蕃。

洪武-朱元璋

都是事后诸葛亮。

划重点

　　刘瑾：明朝弘治、正德年间宦官。早年被朱祐樘派去照顾太子朱厚照。为了讨好未来的皇帝，以刘瑾为首的八个太监整日想方设法地为朱厚照组织各种演出、搜寻奇特玩具。朱厚照即位后，刘瑾升任为司礼监掌印太监，他趁机收受贿赂、排斥异己、陷害忠良。正德五年（1510年），刘瑾企图谋反，被人揭发。朱厚照起初并不相信，直到从刘瑾家中查出伪造的玉玺和玉带等违禁品，才下令将刘瑾凌迟处死。

　　谢迁、刘健：他们二人都是明朝中期的名臣。谢迁历成化、弘治、正德三朝，朱厚照即位后，谢迁为少傅兼太子太傅。刘健历仕正统、成化、弘治、正德，是四朝元老，在朱祐樘即位后出任内阁首辅。二人见朱厚照沉溺享乐、荒废朝政，便与众大臣联名上书请求严惩刘瑾等人。朱厚照不但不采纳建议，还惩治了进谏的大臣。谢迁、刘健便以辞官相威胁，没想到朱厚照竟然批准了。这样一来，群臣便失去了领导核心，进言惩治刘瑾一事只好作罢。

严嵩：弘治年间（1505年）考中进士，一路升迁到内阁首辅，从此专擅朝政。严嵩在朝期间结党营私、陷害忠良，其子严世蕃更是借着严嵩内阁首辅的名头收受贿赂、搜刮财物。晚年，严嵩逐渐被嘉靖帝朱厚熜疏远。嘉靖四十一年（1562年），朱厚熜听信方士蓝道行的话，命令严嵩辞官退休。三年后，严世蕃因贪赃枉法被处死。在群臣的弹劾下，严嵩也被革职，没收了家产。不久后，严嵩在家中病死。

朱厚熜因宠信严嵩一事被大家伙一顿狂怼，心中不悦，便将朱见深宠信宦官汪直的事情给抖了出来。

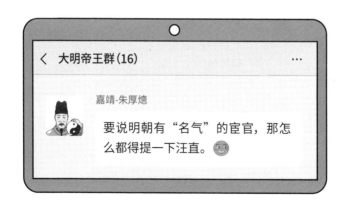

大明帝王群（16）

嘉靖-朱厚熜
要说明朝有"名气"的宦官，那怎么都得提一下汪直。

< **大明帝王群(16)**　　　　　···

成化-朱见深

莫名被点名。我建立西厂后，任命汪直担任西厂提督，还提拔他掌管禁军，都是因为他能力出众。

正德-朱厚照

爷爷建立西厂是为了制衡东厂，这叫帝王之术。

弘治-朱祐樘

汪直多次平定祸乱，在"成化犁庭"之战中，我军能够大败建州女真，就有汪直的功劳。

洪武-朱元璋

看来也不是所有太监都想着结党营私、专政擅权。

景泰-朱祁钰

太监也能掌管禁军，带兵打仗。佩服佩服！

崇祯-朱由检

说到带兵打仗，我身边也有一位英勇善战的大将军。

大明帝王群(16)

永乐-朱棣

崇祯-朱由检

大名鼎鼎的袁崇焕。

天启-朱由校

哦，这人我认识！👊

崇祯-朱由检

你曾经派他去镇守山海关，他到任后安抚军民、整顿边防，效果显著。

天启-朱由校

也是他取得了宁远之战与锦州之战的胜利，将努尔哈赤与皇太极的军队挡在了山海关外。🏺🏺🏺🏺🏺

永乐-朱棣

好厉害呀，爱了爱了！😚

洪武-朱元璋

这么说来，多亏了他，大明江山才没有落入皇太极手中。

正德-朱厚照

可我听说他是被凌迟处死的。

嘉靖-朱厚熜

还是崇祯下的命令。

崇祯-朱由检

是我不够相信他，他死后大明就失去了军心，这才让清军有机可乘，我有罪！

天启-朱由校

老弟你也别太自责，咱们大明的气数就到这儿了。

洪熙-朱高炽

一定要爱惜人才呀！

永乐-朱棣

没有文臣武将的鼎力相助，咱们大明朝也不能有这200多年的历史。

弘治-朱祐樘

今天说了这么多，还有很多没有提到的优秀臣子，但这不代表我们无视他们对大明朝的贡献。

　　汪直：明朝成化年间的宦官，少有的掌权而不专权的宦官之一。汪直最初在万贵妃身边侍奉，他心思细腻、有勇有谋，得到朱见深的赏识，被任命为西厂提督。汪直掌管西厂期间，平定了建州女真的叛乱。之后汪直被任命为总督十二团练，成为明朝第一位掌管禁军的宦官。后来汪直被派往辽东镇守边境，与朱见深渐渐疏远。由于汪直个性张扬，得罪了不少人，经常遭到弹劾，朱见深将他贬往南京。因为远离皇帝和政治中心，汪直从此便退出了历史舞台。

　　成化犁庭：指成化年间明朝对建州女真发起的三次战争，又因为战况惨烈被称为成化犁庭。这几次战役成功打击了建州女真，是明朝军事史上的光辉战绩。

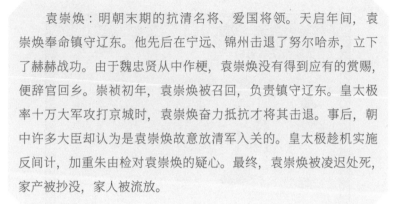

袁崇焕：明朝末期的抗清名将、爱国将领。天启年间，袁崇焕奉命镇守辽东。他先后在宁远、锦州击退了努尔哈赤，立下了赫赫战功。由于魏忠贤从中作梗，袁崇焕没有得到应有的赏赐，便辞官回乡。崇祯初年，袁崇焕被召回，负责镇守辽东。皇太极率十万大军攻打京城时，袁崇焕奋力抵抗才将其击退。事后，朝中许多大臣却认为是袁崇焕故意放清军入关的。皇太极趁机实施反间计，加重朱由检对袁崇焕的疑心。最终，袁崇焕被凌迟处死，家产被抄没，家人被流放。

一国之君想要建功立业，离不开身后的文臣武将们的鼎力相助。后宫的宦官们与皇帝朝夕相伴，他们的言行、品德对皇帝的影响也很大。或许这些文臣武将与宦官们常常与皇帝意见相左，这也是相爱相杀的一种表现。不过各位皇帝可要擦亮眼睛，要懂得分辨忠奸。

五

科学技术

哪家强

明朝时期，中国科技发达，领先全球。明朝著名手艺人朱由校对此深以为荣，经常在群里分享有关明朝建筑、手工业技术的推文。这不，今天又开始了。

天启-朱由校

明朝领先世界的五大科技

震惊！明朝就已经出现了火炮！

明　大明王朝

天启-朱由校

辉煌灿烂的明朝科技成就

令人惊叹不已的明代科技！

明　大明王朝

洪武-朱元璋

科学技术是第一生产力！

永乐-朱棣

咱们大明在当时可是科技大国！

正德-朱厚照

是我站得不够高吗，我咋不知道？

洪武-朱元璋

干啥啥不行
要钱第一名

大明帝王群(16)

正德-朱厚照

我……竟无语凝噎。

天启-朱由校

咱们今天就炫一下大明的科技，如何？

万历-朱翊钧

同意同意！

洪熙-朱高炽

天启-朱由校

正德-朱厚照

能不能给划个范围，科学技术都包括啥？

天启-朱由校

中国古代的科学技术主要是指农学、医学、数学、天文学四大自然科学领域，以及陶瓷、纺织、冶金、建筑等技术领域。

正统-朱祁镇

说到科学技术，就不能不提郑和下西洋。

永乐-朱棣

郑和之所以能率领船队远航，多亏了大明航海知识的增加和造船技术的发达!

宣德-朱瞻基

爷爷说得对!

洪熙-朱高炽

郑和下西洋最远到达非洲东海岸，往返历程大约有10万里，相当考验船只的续航能力!

永乐-朱棣

船还要非常坚固，才能抵御狂风巨浪。

嘉靖-朱厚熜

没想到下个海对船只要求这么高。

宣德-朱瞻基

可是咱们大明的工匠们都做到了，他们造就了当时世界上最先进的船队，你就说厉不厉害吧!

宣德-朱瞻基

划 重 点

　　明朝时期的造船技术在宋元时期的基础上又取得了长足的发展。首先，郑和下西洋所用船只的长宽比值较小，能够抵御海上的狂风巨浪。其次，明朝制船时多采用平接、搭接和榫接的方法，将板材拼接在一起，再用各种不同形状和功能的铁钉进行加固。船板缝隙用麻丝、竹茹和桐油灰等捣成的黏合物填塞，极大提高了船只的防水性。另外，船底和船舱壁板厚度适中，抗沉性好。船底部有龙骨，船体瘦削，船速较快，宜远洋航行。

　　就在朱棣向众人介绍郑和下西洋的造船技术时，朱祁镇、朱祁钰兄弟俩想到一个困扰大家很久的问题，他俩决定采访一下朱棣。

趣说中国史·明朝篇

< 大明帝王群(16)　　　　　　···

正统-朱祁镇

我有一个小问题，不知当问不当问？

永乐-朱棣

景泰-朱祁钰

哈哈，听说您派遣郑和下西洋是为了寻找建文帝的下落，不知是真是假？

永乐-朱棣

就知道不是啥好问题。

建文-朱允炆

我也很想知道，您就这么怕我活着吗？

永乐-朱棣

你们不要被那些文学作品骗了，我派郑和下西洋是为了宣扬国威。

建文-朱允炆

全天下都知道你容不下我！

< 大明帝王群(16)   ...

天启-朱由校

怎么感觉画风有些跑偏。

洪熙-朱高炽

咳咳，儿子快出来继续科普。

宣德-朱瞻基

好呢，刚才咱们说造船需要高超技术，接下来就说说航海技术。

正德-朱厚照

搬好我的小板凳。

天启-朱由校

我也得好好听听。

宣德-朱瞻基

远洋航行非常容易迷失方向，要想船只行得远，必须克服这一难题。

正德-朱厚照

那郑和是如何做到的呢?

宣德-朱瞻基

他主要依靠"过洋牵星术"和罗盘来指引方向。

大明帝王群(16)

天启-朱由校

"过洋牵星术"是啥?听着好高级的样子。

洪熙-朱高炽

就是通过观测星辰来辨别方向，这招适用于晴朗的夜晚。阴雨天气就需要使用罗盘了。

嘉靖-朱厚熜

罗盘我知道，是咱们那时候的指南针。

天启-朱由校

学到了。

洪武-朱元璋

没想到航海需要这么多的技术支持，你们祖孙三人为大明科技发展做了不少贡献呀。

洪武-朱元璋

专属红包奖励

红包

　　郑和下西洋所用的航海技术代表了当时世界航海技术的最高水平，主要包括天文和地文两大类。天文航海术即通过观测星象来判定方向的技术，明代称之为"过洋牵星术"，主要是通过牵星板来观测星辰的高度和方位，然后进行计算，得出船在海中的方位。地文航海术则是以航海图等航海资料为依据，使用罗盘、计程仪、测探仪等航海仪器探测里程、海深，进而确定船舶位置。这两类航海术互为补充，极大提高了船只位置和航行方向的精确度。

　　朱棣一直希望得到朱元璋的认可，这次终于受到表扬啦！一直没怎么说话的朱由检听到观星之术，不禁想到一个人。

洪武-朱元璋

说到历法，我记得当时推行了《大统历》，你们咋还写了新历书？

景泰-朱祁钰

《大统历》在当时确实是最先进的历法，但还是有一些小问题的。

崇祯-朱由检

差之毫厘，谬以千里。

景泰-朱祁钰

没错，我即位之初，用《大统历》推测月食就已经不准啦！

万历-朱翊钧

我在位时确实有人上奏，建议我任命徐光启等人修改历法。

永乐-朱棣

看样子你是没有当回事呀！

泰昌-朱常洛

我老爹久居深宫，大门不出二门不迈的，怎么会关心历法呢？

大明帝王群(16)

< **大明帝王群(16)**　　　　...

万历-朱翊钧

儿子，给爹留点面子。

崇祯-朱由检

虽然当初修改历法的申请没有通过，但徐光启并没有因此放弃，他利用空闲时间写成了新的历书。

万历-朱翊钧

每天上班已经够累了，他还主动加班。

正德-朱厚照

人家这是心怀天下，不愧是咱大明朝的好青年!👍👍

崇祯-朱由检

徐光启不仅写了历书，还写了一本《农政全书》。

洪武-朱元璋

这本书都写了啥内容?🙄

崇祯-朱由检

《农政全书》记载了开垦、水利灌溉等农业技术，集前人农业科学之大成，是一部"杂采众家，兼出独见"的科学巨著。

大明帝王群(16)

洪武-朱元璋
看来徐光启是一位难得的人才，上知天文，下知地理。

正德-朱厚照

弘治-朱祐樘
有如此优秀的人才，是我大明的福气呀！

建文-朱允炆
人家不仅优秀，还很努力。

洪武-朱元璋
你们要是有人家一半的优秀和努力，咱们大明朝还能再延续几十年。

正德-朱厚照
咱们大明天子也不是一无是处。

《大统历》是依据元代许衡、郭守敬等人所写的《授时历》制定的历法。《授时历》成书于元朝初年，是当时世界上最先进的历法，但是对天文现象的预测还是存在一些微小的误差。《大统历》基本承袭了《授时历》的内容，对《授时历》中的错误之处也没有进行修正。从洪武十八年（1385年）到崇祯十七年（1644年），《大统历》作为明朝历法实行了将近260年。随着时间的推移，微小的误差逐渐被放大成为大的误差。到明中叶时，就已经不能根据《大统历》准确预测天象了。

由于《大统历》长期失准，万历年间，礼部奏请皇帝下令修改历法。但朱翊钧已经多年不上朝了，所以礼部的建议没有得到重视。李之藻、徐光启便在空闲时翻译、整理历法书籍。

《崇祯历书》是一部中国古代比较全面的介绍欧洲天文学知识的著作，由徐光启、李之藻、汤若望等人编译，历时五年成书。该书参考了哥白尼的《天体运行论》，将"地球""经纬度"的概念引入中国。由于反对派从中作梗以及明末的战乱，明朝并没有颁行此书。清朝建立后，汤若望对此书进行了修改，并改名为《时宪历》，这才正式颁行。

徐光启不仅参与编写了《崇祯历书》，还写了一本《农政全书》。该书成书于万历年间，总结了我国农业科学技术的诸多成就，是中国古代最完备的农业百科全书。全书还贯穿着徐光启"农政"的治国思想，是一部很有价值的古代农书。

听到朱元璋大失所望，朱厚熜忍不住当出头鸟。

天启-朱由校

我知道《本草纲目》。

天启-朱由校

·)） 6 "

我表情悠哉跳个大概，动作轻松自在，你学不来。

崇祯-朱由检

人家说的是医书， 这本书里说长时间服用以水银、铅、锡、雄黄等炼成的丹药不仅不会使人长生不老，还会伤害身体，致人死亡。

天启-朱由校

嘉靖-朱厚熜

他说中毒就中毒啦，我不信！

万历-朱翊钧

李时珍被后世称为"药圣"，《本草纲目》更是集前代医学之大成的医药学著作，您说权威不权威吧！

大明帝王群(16)

嘉靖-朱厚熜

可惜呀，我那时候还没有这本书！

正德-朱厚照

现在学习也不晚。

弘治-朱祐樘

儿子，你别光说别人，你自己也得多读些书。

正德-朱厚照

读万卷书，不如行万里路。我还是比较喜欢"行万里路"。

崇祯-朱由检

这里推荐《徐霞客游记》。这本书是徐弘祖的散文游记，书中介绍了众多名山大川和奇特地貌。毕竟做好攻略，旅游才能安心又开心。

天启-朱由校

不是《徐霞客游记》吗?为什么作者是徐弘祖?

< 大明帝王群(16)　　　　···

崇祯-朱由检

弘祖是人家的名字，霞客是人家的号。

泰昌-朱常洛

我真不敢相信这问题是我儿子问出来的。

正德-朱厚照

如此说来，我也可以出一本，就叫作《跟着小照去旅行》。

嘉靖-朱厚熜

希望你现在已经学会游泳了。

正德-朱厚照

万历-朱翊钧

现在流行做旅游博主，阿照你可以考虑一下。

正德-朱厚照

说不定我能一夜爆红呢！

大明帝王群(16)

弘治-朱祐樘
> 儿子，出行途中注意安全。

成化-朱见深
> 不要随便和陌生人说话，小心被拐跑。😷😷😷

正德-朱厚照
> 多谢爷爷和老爸的关心，不说了，我得赶紧去做攻略、订酒店和机票了。

洪熙-朱高炽
> 年轻人就是有活力。

洪武-朱元璋
> 这孩子赶上好时候了。

划 重 点

李时珍：明代著名的医药学家，著有《本草纲目》《奇经八脉考》《濒湖脉学》等书。其中的《本草纲目》创制了当时世界上最先进的部类药物分类法，对前代医药学成就进行了系统总结，是当时世界上最完整、最系统、最科学的一部医药学著作。此书还记载了关于植物、动物、矿物等内容，是一本博物学著作，对我国乃至世界医药学、生物学的发展起到了重大推动作用。李时珍也因此被后世称为"医圣"。

徐霞客：明代著名的旅行家和地理学家，代表作为《徐霞客游记》。该书以散文和日记的形式记录了徐霞客30多年旅行中的见闻，对所到之处的风土人情、地质环境、植物分布等都做了详细的记录，是系统考察中国地质地貌的开山之作。明代是中国古代地理学发展的巅峰时期。徐霞客去世的100多年后，西方近代自然地理学才在洪堡、李特尔的努力下建立起来。

明朝时期农业生产水平提高、手工业技术进步、商品经济发展，加上科学家自身的努力，这一时期涌现了一系列科技巨著，在造船、天文、农学、医学等方面都处于世界领先地位，确实可以说"科学技术哪家强，中国古代看明朝"。但是明中叶以后，统治者以"天朝上国"自居，实行"闭关锁国"的政策，使得中国科技错失了进一步发展的机会，并逐渐落后于西方。

五·科学技术哪家强

老朱威武

六

进军演艺圈

　　近日，宋朝和清朝的皇帝们陆续投身演艺圈，宋仁宗赵祯、康熙帝玄烨、雍正帝胤禛都成为全民偶像。咱们大明的皇帝也不能落后，一向活泼好动爱张罗的正德帝朱厚照向大家提议也要进军演艺圈。消息一出，群里可炸锅了！

大明帝王群(16)

正德-朱厚照

各位老少爷们儿听说没，宋朝和清朝的皇帝们都去演戏、拍综艺啦！

天启-朱由校

尤其是康熙、雍正、乾隆这爷仨儿，粉丝可多了！

宣德-朱瞻基

我也听说了，他们现在都成为中国帝王界的顶流了！

正德-朱厚照

咱们要是进演艺圈，一定比他们更厉害！

洪武-朱元璋

臭小子，瞎说啥呢！九五之尊怎么能去演戏、唱曲儿呢，我不同意！

永乐-朱棣

老爹说得有道理！

隆庆-朱载坖

大明帝王群(16)

崇祯-朱由检

老祖宗，现在时代不同啦，职业只有分工不同，没有贵贱之分。

正德-朱厚照

对对对，咱们出道后不仅能够提高知名度，还能向大众宣传大明朝的历史文化，一举两得，多好呀！

洪武-朱元璋

弘治-朱祐樘

@正德-朱厚照 儿子这个提议不错呦！👍👍

永乐-朱棣

阿照，你有啥具体的规划?说来听听。

正德-朱厚照

现在流行成团出道，咱们得先组个男团，名字就叫"明皇皇的爱"。

大明帝王群（16）

万历-朱翊钧

玩谐音梗是要扣钱的。

天启-朱由校

我觉得这名儿不错，既表明了咱们的身份，又表达对粉丝们满满的爱。

洪熙-朱高炽

含义不错，就是不能体现咱们的文化内涵。

正统-朱祁镇

先别说团名了，男团成员首先得能唱会跳，咱们谁能行呀？

成化-朱见深

谁擅长跳舞我不知道，但是我儿子朱祐樘挺喜欢弹琴的。

弘治-朱祐樘

哎呀，我只是喜欢音律而已，要说擅长还得是阿照。

正德-朱厚照

谢谢老爹的夸奖，我是略通一点点音律啦！

< 大明帝王群(16) ···

隆庆-朱载垕

我大伯能自己谱曲，自己弹唱，属于创作型歌手。🎤

正德-朱厚照

哎呦，多谢大侄子夸奖！

正统-朱祁镇

那阿照就是团里的主唱了。

天启-朱由校

我弟也创作过几首曲子，诸位不考虑一下？🌑

泰昌-朱常洛

成团得遵循个人意愿，小检你自己啥想法？

崇祯-朱由检

我从小就喜欢音乐，作品有《访道五曲》。如果有幸能够加入团体，我一定会好好努力，积极营业，为团体贡献力量！🥷

大明帝王群（16）

正德-朱厚照
既然如此，那咱俩就一起加入吧，人多力量大嘛！

永乐-朱棣
说得好！

洪武-朱元璋
那就由阿照和由检来负责唱歌。

正统-朱祁镇

景泰-朱祁钰

弘治-朱祐樘
唱歌人选定了，这跳舞咋办？

弘治帝朱祐樘十分喜爱弹琴，以致大臣们担心他沉迷于此，纷纷上奏劝说他不要沉迷声乐。朱祐樘虽然表面上接受，私下里却向太监抱怨"弹琴和政务有啥冲突的"。

正德帝朱厚照喜欢吟诗作画，还精通音律。晚明文学家李维桢所写的《大泌山房集》中记载"帝多才艺，能自度曲"。

崇祯帝朱由检喜欢弹琴，尤其是琵琶。他经常抚琴自娱，还创作了五首琵琶曲：《崆峒引》《敲爻歌》《据桐吟》《参同契》《烂柯游》。因为这五首曲子都是以访道为主题，所以合称《访道五曲》。

朱厚照、朱由检两人比较擅长音律，被选入团内担任主唱。可是跳舞这件事，皇帝们只见别人跳过，自己可没跳过，这下可犯了难。

洪武-朱元璋

跳舞这事儿需要天赋，不是说学就能学会的。

弘治-朱祐樘

跳舞得有平衡感。

洪熙-朱高炽

这么一说，我觉得爷爷和老爹都挺合适的。

崇祯-朱由检

二位骑马打仗那么厉害，平衡感一定也不错。

天启-朱由校

@ 洪武 - 朱元璋 @ 永乐 - 朱棣 您爷俩就负责舞蹈的部分吧。

洪武-朱元璋

我这老胳膊老腿的，可不敢瞎折腾了！

永乐-朱棣

我觉得我能行，老爹你也行！

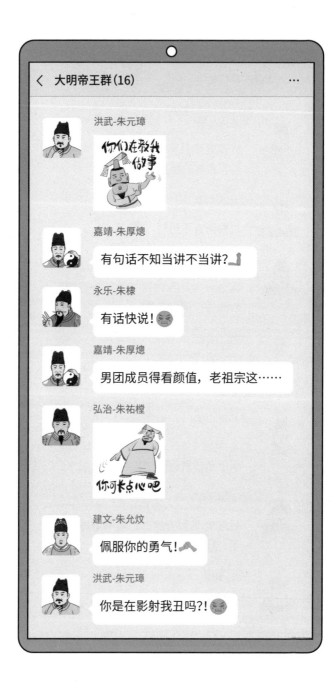

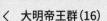

天启-朱由校

从流传度比较高的几张画像来看，确实有点……

建文-朱允炆

那些都是民间画像，咱们得参考官方的。

永乐-朱棣

没错，那才是正版！

嘉靖-朱厚熜

听说画师是在老祖宗的威胁下才给开了美颜。

洪武-朱元璋

你再敢评论俺的颜值，俺赏给你几廷杖！

嘉靖-朱厚熜

老祖宗，我再也不敢了！

嘉靖-朱厚熜

作为明朝的开国皇帝，朱元璋具有极高的军事才能。正是因为他骁勇善战，才得到了义军将领郭子兴的支持，在众多起义军队中慢慢崛起，最后平定了天下。虽说明朝继任的皇帝中也有英勇善战的，但是也只有朱棣能够与他相提并论。

在传世画像和史书记载中，朱元璋的长相存在两个截然不同的版本。第一种版本，民间传说和史书中所描绘的朱元璋长相奇特、异于常人。之所以会有异相之说，一方面是古人认为长相奇特的便不是一般人，所以对朱元璋的相貌进行了夸大，另一方面则是后世对其容貌进行了恶意丑化。另一种版本的朱元璋长相并不丑，《明太祖实录》中提到的"姿貌雄杰，志意廓然"就是对朱元璋的面貌进行的记载。在中国台北故宫博物院所藏的明太祖全身坐像及晚年半身像中，朱元璋也都是"天庭饱满、俊朗和煦、目光如炬"的君主形象。目前两种说法仍有争议，但从现存的众多资料上看，朱元璋的长相应该更接近后者。

廷杖：皇帝在朝堂上下令，由锦衣卫执行，当场杖打朝臣的一种刑罚。在明代之前也发生过皇帝杖责臣子的行为，但廷杖在明代才真正成为一种刑罚制度，这也是明代君权加强的一种表现。明朝后期，一些官员甚至会故意激怒皇帝，目的就是通过被处廷杖从而获得政治声望。

会作曲唱歌的、能学跳舞的人都已经选出来了，又有人对成团出道的计划提出了疑问。

大明帝王群(16)

 万历-朱翊钧

家人们，男团都是边唱边跳。

 洪武-朱元璋

啥?那我绝对不行。

 崇祯-朱由检

我也不太行，随风起舞是我此生都不愿想起的痛苦经历。

 崇祯-朱由检

 天启-朱由校

老弟苦了你了，脖子都跳细了。

 万历-朱翊钧

凭我多年宅居深宫的经验，还是以演员身份出道比较好。

 洪武-朱元璋

这个听起来难度小多了。

 万历-朱翊钧

咱们唱跳不占优势，但演戏很擅长啊。

洪武-朱元璋
好好好，我可以演我自己。

正德-朱厚照
有点动摇，感觉不错的样子。

崇祯-朱由检
大明这么多优秀的小说，咱们选个好剧本，拍成电影或者电视剧。

天启-朱由校
冯梦龙的小说写得不错!

崇祯-朱由检
嗯呐，故事通俗易懂，又寓意深刻。

万历-朱翊钧
神魔故事也不错，比如《封神演义》和《西游记》。

永乐-朱棣
哈哈，那我们演神还是魔?

嘉靖-朱厚熜
有没有太上老君的角色，给我留着。

冯梦龙：明朝末年的文学家、思想家、戏曲家，主要致力于小说、戏曲及其他通俗文学的创作与研究。《喻世明言》《警世通言》《醒世恒言》是他编撰的三部短篇小说集，合称"三言"。这三本小说兼具通俗性与艺术性，是明代中后期通俗小说的杰出代表。

明代小说主要是从宋元的话本小说逐渐演变过来的，大致可分为神魔小说、世情小说、公案小说、历史演义等。其中的神魔小说融合儒、释、道三教思想，以神仙鬼怪之事反映社会现实。明代中期以来，出现了大量的优秀作品，其中《封神演义》《西游记》等作品在这一时期比较出彩。太上老君作为道教"三清"尊神之一，在这两部作品中都有出现。

明朝皇帝除了朱元璋、朱允炆、朱由检，几乎都信奉道教，尤其是嘉靖帝朱厚熜和万历帝朱翊钧祖孙俩。朱厚熜为了求仙问道多年不上朝，朱翊钧对老子的长生不老之术很是敬佩，专门为其立"万历皇帝老君山诏谕牌"，将洛阳老君山誉为"天下名山"。

看到已经有人获得了角色，一向喜爱表演的朱厚照坐不住了，他也想争取一个属于自己的角色。

崇祯-朱由检

二师兄猪八戒。

万历-朱翊钧

哈哈，猪八戒爱吃、爱玩、爱美人，天真、善良、有爱心，这简直是为您量身打造的角色！

正德-朱厚照

一时竟无法分辨你们是在夸我还是骂我！

崇祯-朱由检

关键他还是一只小猪猪，您不是最喜欢猪吗？

正德-朱厚照

我喜欢猪就要演猪吗？我要演人！

崇祯-朱由检

清心寡欲的唐僧，您想演吗？他是素食主义者哦。

正德-朱厚照

那还是算了吧！有没有讲述人间故事的小说，谁来推荐一个？

大明帝王群(16)

 洪熙-朱高炽

罗贯中的《三国演义》不错！😎

 嘉靖-朱厚熜

我还命人刊印过这本小说呢，人物形象立体、情节跌宕起伏、逻辑严密，是个不错的剧本。

 正德-朱厚照

有没有武力值比较高的角色，让我来演。🥷🥷🥷

 崇祯-朱由检

吕布就不错，能够抗住关羽、张飞的围攻，还不落下风！是读者心中武力值第一的人物！👍👍

 正德-朱厚照

这么厉害，我就要演吕布！

 万历-朱翊钧

不过他在书中的结局可不咋好，被曹操下令勒死了，还被砍了脑袋。

 正德-朱厚照

啊，不行不行，我还是换个角色吧！

划 重 点

正德帝朱厚照因为自己属猪，且"猪"与"朱"同音，认为杀猪、吃猪肉是对自己的大不敬，所以下令要求全国禁食猪肉。中国自古以来就是猪肉需求大国，不仅要靠猪肉补充营养，在祭祀时还需要用猪做贡品。所以，"禁食猪肉"的命令颁发之后，全国上下苦不堪言。大臣不断上书，朱厚照才废除了这一禁令。

《三国演义》是元末明初著名小说家罗贯中的一部长篇小说。讲述的是从东汉末年到西晋建立年间的历史，反映了这一时期的政治、军事和各种社会矛盾，塑造了一群栩栩如生的英雄形象。该书与《水浒传》《西游记》以及清代曹雪芹所写的《红楼梦》并称为"中国古典四大名著"。

"老戏骨"朱厚照对角色挑三拣四，出道计划陷入了僵局。这时，朱棣又提出一个新建议。

< 大明帝王群(16) ···

泰昌-朱常洛

当年汤显祖的《牡丹亭》可太火了，这戏一出来，《西厢记》的票房都减少了。

正德-朱厚照

沈璟是谁?没怎么听过呢?

万历-朱翊钧

汤显祖是临川派的大佬，沈璟是吴江派的大佬。双方在戏曲创作上有很大分歧，进行过一段时间的辩难。

万历-朱翊钧

他俩聚一起不会打起来吧!

洪武-朱元璋

考验你们的协调能力的时候到了。

永乐-朱棣

一定不会辜负您的期望，保证让这俩人和平相处。

宣德-朱瞻基

咱们节目的名字叫啥好呢?

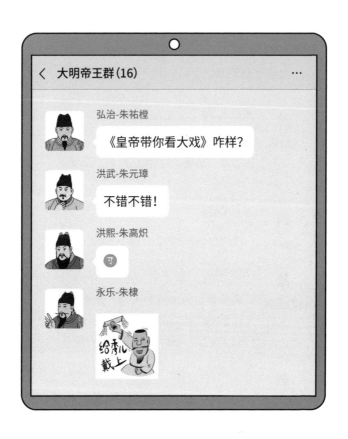

明代戏曲是在宋元南戏和金元杂剧的基础上发展衍化而来的，并取得了辉煌的成就。明代戏曲分为传奇戏曲和杂剧两种：传奇戏曲最著名的五大曲目为《琵琶记》《荆钗戏》《白兔记》《拜月亭》《杀狗记》，嘉靖朝以后，传奇戏逐渐突破忠孝的束缚，更加贴近

现实，趋向描写政治斗争。杂剧主要以短剧为主，题材以历史故事、男女爱情、神仙道化为主，杂剧的发展经历了初期的贵族化、宫廷化，中期在传奇戏曲发展起来后逐渐弱化，在明朝后期才逐渐复苏。

汤显祖：明代戏曲家、文学家，成就颇多。在戏剧方面的造诣很高，其中的《牡丹亭》《紫钗记》《南柯记》《邯郸记》最为出名。因四部作品中均有梦境，故又称为"临川四梦"。其中的《牡丹亭》是继《西厢记》之后影响最大、成就最高的一部中国古代爱情戏曲作品。汤显祖的作品不仅情节精彩，还表达了个性解放的思想，深受大众喜爱。因为他与莎士比亚生卒年几乎相同，又同样精于戏剧创作，所以人们又称汤显祖为"东方的莎士比亚"。

沈璟：明代著名戏剧作家、戏曲理论批评家、吴江派领袖、曲坛盟主，与汤显祖并称我国戏曲历史上的二大家，两人在戏曲创作上针锋相对，后世称之为"汤沈之争"。沈璟共著有17种传奇戏曲，统称为《属玉堂传奇》，现存7种，其中《义侠记》讲的是关于武松在景阳冈与猛虎搏斗后去梁山的故事。沈璟还编写了《南九宫十三调曲谱》，对唱法曲调进行了考订和标注，是在传统曲调领域中比较顶尖的曲学文献，是后世南曲填词家、传奇家校准格律的准绳，也是后人研究古代戏曲的重要依据。

经过长时间的商讨，大明的皇帝们决定策划综艺节目《皇帝带你看大戏》。不知道他们能否顺利出道，在此预祝诸位天子能够一鸣惊人，成为中国帝王界的顶流！

七

八月十五

忆中秋

　　一年一度的中秋佳节又到了，朱元璋一大早起来就开始品尝宫里宫外送过来的月饼，拆开一块包装精致的月饼咬了一口，觉得味道一般又放回盘中。朱元璋今年想要和儿孙们一起过中秋节，便在群里询问众人今日的安排。

洪武-朱元璋

大家都起床了没?快来我这里过中秋!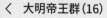

永乐-朱棣

起了起了，爹，中秋节快乐啊!

建文-朱允炆

孙儿在此祝爷爷身体康健，平安喜乐!

万历-朱翊钧

老祖宗中秋快乐!今天都吃月饼了没?

洪武-朱元璋

别提了，现在的月饼包装倒是精致，就是味道不咋滴。

建文-朱允炆

是呀，过度包装，又贵又不环保。

洪熙-朱高炽

说起礼品，我突然好想吃"百事大吉盒"。

弘治-朱祐樘

"百事大吉盒"不是过年才能吃吗？

正德-朱厚照

老爹，现在可不一样了！就拿扁食来说，以前只有过年才能吃，现在只要过节就吃。

建文-朱允炆

我记得小时候过年吃的是年糕呀！

崇祯-朱由检

你小时候是在南方过年，我们后来搬到北方了，习俗不一样。

建文-朱允炆

啥时候吃，叫上我。

洪武-朱元璋

大家都来我这儿，今天咱们一起过中秋，就包扁食吃。

洪熙-朱高炽

划重点

明代北京的百姓通常在过年的时候吃一种名为"百事大吉盒"的食物，这种新年食物又被称为"嚼鬼"。盒子里面装着柿饼、荔枝、干果蜜饯等，有时还有驴头肉。

明清时期，北方过年有吃饺子的习惯，当时称为扁食、水点心。

扁食煮好后会先献给长辈，祝贺其添岁增寿。为了祈求好运，有些人会在饺子里包一两枚钱币，吃到这种饺子的人一年都会有好运气。北方也有过年吃年糕的习俗，不过这一习俗主要流行于江南地区。

祭月是一种古老的祭祀仪典，周朝时期便有皇帝春季祭日、秋季祭月的风俗，月坛主要就是用来祭祀月亮的地方。北京现存的月坛建造于嘉靖九年（1530年），为明清时期帝王祭月场所。

隆庆帝朱载坖好久没有见到老爹朱厚熜了，见到老爹上线了，便赶紧上前搭话。

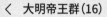

< 大明帝王群(16)　　　　　　　...

隆庆-朱载坖

我好久没有见到我爹了！

嘉靖-朱厚熜

今天倒是不炼丹，不过我要参加"青词文会"，已经和严嵩约好了，临时放人家鸽子不太好。老哥 @ 正德 - 朱厚照 欢迎你来参加哦！

正德-朱厚照

我可没兴趣，晚上要出去看灯，你自己在家琢磨吧。

嘉靖-朱厚熜

隆庆-朱载坖

爹爹别生气，我感兴趣，我能去参加不？

嘉靖-朱厚熜

儿啊，爹不是不想让你来，道士说咱俩见面会带来灾难，所以还是保持点距离吧！

< **大明帝王群(16)**　　　⋯

隆庆-朱载坖

正德-朱厚照

道士胡扯的话也信，真是走火入魔了，晚上跟着大伯去狂欢。🧍其他人有没有想一起去的？

洪熙-朱高炽

我还是待在家里吃月饼吧，枣泥馅儿、桂花馅儿、木瓜馅儿……我都得尝一遍。🌚🌚🌚

永乐-朱棣

儿啊，你都多胖了还吃，少吃点月饼，小心血糖飙升！🌚

洪熙-朱高炽

爹爹，我还想着给您和爷爷多送去几盒，真的很好吃！

明朝中秋节的庆祝和娱乐活动形式多样，有放天灯、烧斗香、舞火龙、点塔灯等节庆活动，还有投壶、玩花灯、猜灯谜等娱乐活动。因此，中秋之夜热闹非凡，是人们集体出街游玩的好日子。

青词：也被称为绿章，是道教祭天时所作的祝文。明朝嘉靖帝崇尚道教，因此十分喜爱青词，凡宫中青词作得好的大臣都能够得到重用，严嵩就是因为擅长写青词才得到嘉靖皇帝的重用。

嘉靖帝朱厚熜是因为堂哥朱厚照没有子嗣才幸运地继承了皇位，因此，他非常重视子嗣。朱厚熜27岁时才有了第一个儿子朱载基，但是不满三个月便夭折了。这时方士陶仲文便对朱厚熜提出了"二龙不相见"的建议，他对此解释为：嘉靖是真龙，而太子是潜龙，二龙不能相见，否则必有一龙遭殃。朱厚熜本就迷信，加之儿子去世，所以对这种说法深信不疑。为了让儿子们能健康长大，朱厚熜极少见他们，也不立太子。直到朱厚熜驾崩时，作为皇储的朱载垕还只是个亲王。

中秋节吃月饼的传统起源于唐朝，但是真正形成一种节日习俗是在明代。明代月饼制作技巧很高，用料也很考究，样式美观多样。大的月饼直径长达一尺，小的月饼如同铜钱那般大小。月饼还有各种各样的馅料，比如枣泥馅儿、五仁馅儿、桂花馅儿、麦芽糖馅儿、木瓜馅儿等，亲友之间还有互相馈赠月饼的习俗。

听到有人要给自己送月饼，朱元璋不禁回想起了起义抗元那年中秋节吃到的月饼，便忍不住给儿孙们讲起了当年以月饼传信的事儿。

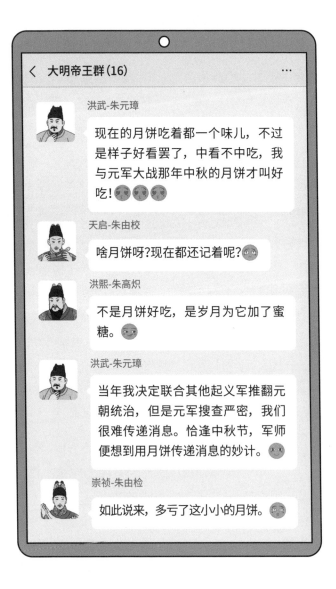

大明帝王群(16)

嘉靖-朱厚熜

此时此刻在这里，月饼就是我的神！

成化-朱见深

不，老祖宗才是我的神！

成化-朱见深

正德-朱厚照

咱们中秋不能只吃月饼和扁食吧，还有啥好吃的不？

泰昌-朱常洛

中秋节还是得吃螃蟹，再配上香醇可口的桂花蜜酒，简直不要太幸福。

洪熙-朱高炽

听你这么一说，我又饿了。

建文-朱允炆

以前在南京的时候，过中秋节都要吃盐水鸭、桂花鸭、樟茶鸭，想想都流口水了。

大明帝王群(16)

天启-朱由校
听说中秋节吃鸭子还和咱们老仇人有关！

洪武-朱元璋
这些都是传说啦，不能全信哦！不过鸭子好吃是真的，你们一定得尝尝！

万历-朱翊钧

泰昌-朱常洛
你们说得我都流口水了。

万历-朱翊钧
咱先吃个北京烤鸭解解馋。

正统-朱祁镇
你们的中秋都好快乐！

宣德-朱瞻基
儿子，你咋啦！大过节的你哭啥？

明朝中秋吃月饼的来历：据说当年朱元璋想要与各地的起义军联手推翻元朝的统治。但是由于元朝军队戒备森严，所以起义军队间很难传递消息。当时朱元璋的军师刘伯温想出一计，因为正值中秋节，刘伯温令部下将起义暗号写在纸条上并藏于月饼里，以互赠月饼的名义将消息送至各路起义军队。朱元璋在起义胜利后便下了一道口谕，把"月饼"当作节日的点心送给大臣。至此，中秋节吃月饼、送月饼的风俗便盛行于民间。

秋天是吃螃蟹的好时节。明朝中秋节时，吃螃蟹的习俗便在宫廷里盛行。人们通常会用蒲包蒸螃蟹，并且配上酒、醋一同食用，吃了螃蟹之后通常还会喝一些苏叶汤。在螃蟹宴会的桌子四周，还会摆放一些新鲜的水果，如枣、杏子、枇杷等。

桂花不但具有观赏性，还有很高的食用价值。人们会用桂花制作成糕点、糖果，或是酿成桂花蜜酒，腌制成桂浆。此时又恰逢中秋节，因此便形成了在中秋节吃桂花点心、喝桂花蜜酒和桂花浆的习俗。

江南一带的南京人在中秋节必吃鸭子。相传元朝末年，蒙古统治者对汉族人极其压迫，汉族人想要推翻元朝的统治。但是因为元朝当时的制度太过严格，无法公开地进行斗争，于是便使用了暗语。那时的汉族人把蒙古人叫作"鞑子"，与"鸭子"同音。于是，众人决定，在中秋的时候吃鸭子便是推翻元人统治的暗号。

　　大家都在说着中秋节的美食，一个个都馋得不行了。可是朱祁镇却暗自神伤起来，朱瞻基见儿子不高兴，赶紧上前询问。

< **大明帝王群(16)** ···

正统-朱祁镇
我给老朱家丢人啦！

宣德-朱瞻基
事情都过去了，没人怨你了！别伤心了，吃完饭爹带你去拜月神。

弘治-朱祐樘
我和厚照他娘也去。

成化-朱见深
我今晚也陪贞儿去。

景泰-朱祁钰
好一把猝不及防的狗粮。

崇祯-朱由检
不，是两把。

嘉靖-朱厚熜
拜月神一定要拜我们道教的太阴星君，保证你们生活幸福美满！

万历-朱翊钧
我看行！

大明帝王群(16)

洪熙-朱高炽
有谁想和我组队去拜月吗?

宣德-朱瞻基
我打算早点去望月楼、游月桥走走,抢个赏月的好角度,画一幅中秋赏月图。

万历-朱翊钧
去的时候叫上我,我也来一幅。

宣德-朱瞻基

划 重 点

正统帝朱祁镇北上攻打瓦剌,在土木堡大败,50万兵马不仅全军覆没，朱祁镇也被瓦剌俘虏，当天正是八月十五中秋节。直到一年后的中秋节，朱祁镇才返回北京。所以，八月十五中秋节对朱祁镇来说意义深远。

太阴星君：中国道教神话中的月神，又被称为月姑、月光娘娘、太阴娘娘等。也有传说认为嫦娥便是太阴星君。八月十五中秋之夜，人们会在月亮的方向摆设香案、点燃红烛、放上月饼等贡品，祈祷月神保佑全家兴旺平安。

明代中秋节最重要的活动就是赏月。根据赏月的人数和地点的不同，形成了不同的称谓。一家人在一起赏月被称作"庆团圆"，到街市游玩称为"走月""玩月"。明朝初期，南京百姓为了赏月亮，便修建了望月楼和游月桥。

聊了半天，朱元璋发现各位的中秋节安排也不过如此，不是拜月就是赏月，简直太无聊了！

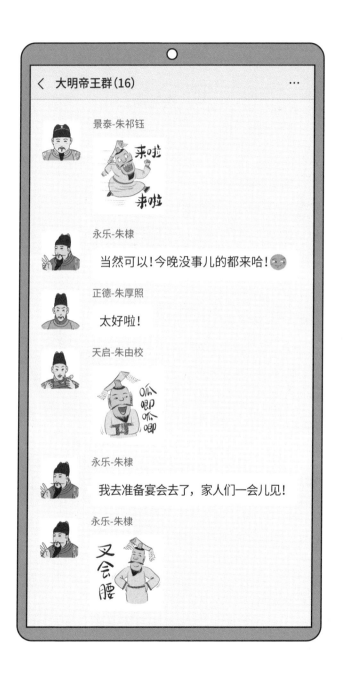

划 重 点

明代的戏曲、歌舞表演主要由教坊司和钟鼓司管理。教坊司是礼部的下属机构，负责大型朝会和宴飨的演出和祭祀乐曲，属于礼乐机构。钟鼓司由宦官掌管，负责内廷的戏曲演出，属于俗乐机构。二者共同承担了明朝的礼俗用乐。

众人为了能够及时参加朱棣的中秋宴会，便赶紧去安排自己的赏月、拜月活动了。通过皇帝们的中秋活动，我们可以看到明代中秋节既有月饼、螃蟹、烤鸭可以吃，还有放天灯、点塔灯、燃斗香等节庆活动可以参加。真是热闹非凡，一点也不比现代的中秋节差！

八

大明画家协会

正在招募中

因为喜欢斗蟋蟀，朱瞻基被大家一顿狂怼。为了重塑有志青年的美好形象，他打算成立大明画家协会，并招募各派画家加入，让大家看看大明绘画艺术的成就。

< **大明帝王群(16)**　　　　　　…

宣德-朱瞻基

大家最近都在忙些什么呀?

洪熙-朱高炽

为父最近在研究新菜谱，你有啥事儿吗?

建文-朱允炆

大侄子，来大爷这里斗蟋蟀呀!

宣德-朱瞻基

咳咳，不了不了，今天有正经事要说。

永乐-朱棣

大孙子，你说吧。

宣德-朱瞻基

有诗云，好著丹青图画取，题诗寄与水曹郎。丹青绘画不仅能够记录美景，还能修身养性，所以我想成立一个大明画家协会。

建文-朱允炆

说成立就成立吗?没人参加那可就尴尬了。

< 大明帝王群(16)　　　　　　　···

弘治-朱祐樘

咱们大明的绘画成就可不低，不仅门派多，知名画家也多，协会成立后不愁没人加入。

成化-朱见深

说得对，大家聚在一起也好交流绘画心得，同意成立画家协会！

景泰-朱祁钰

我也同意！

宣德-朱瞻基

那就愉快地决定了，我朋友圈已经发布了招募公告，大家帮忙转发一下！

洪熙-朱高炽

儿子的工作，老爹必须支持！

永乐-朱棣

明代的绘画在中国美术史上有着举足轻重的地位，起着承先启后的作用，它在宋元绘画艺术的基础上进一步发展。明朝时期，山水花鸟画逐渐流行，水墨画的技法也在不断创新，并形成了众多绘画流派，有浙派、吴门派、松江派等。各画派之间的交融与对峙，推动了我国古代绘画艺术进入一个新的阶段，对清代及民国时期的绘画艺术产生了重要影响。

为了方便交流，朱瞻基建了"大明画家协会"群聊，并将诸位皇帝都邀请进了新群。皇帝们在群里有一嘴没一嘴地聊着。

成化-朱见深

大明的知名画家还是很多的，大家看到消息，都会来的。

正德-朱厚照

说不定他们都出去看风景写生了，谁看公告呀？

文徵明

大家好，我是文徵明。

景泰-朱祁钰

正说着没人呢，就来人啦！

宣德-朱瞻基

欢迎加入大明画家协会，文先生请做一下自我介绍吧。

洪熙-朱高炽

对呀，大概说说籍贯、学画经历和绘画风格。

文徵明

好的，我是苏州府长洲县人，学画于沈周先生，比较擅长青绿山水画，也很喜欢画兰竹、人物。

大明画家协会（17）

宣德-朱瞻基

文先生，咱俩擅长的方向一样呀！

嘉靖-朱厚熜

文先生以前是不是在翰林院上过班呀？

文徵明

嘉靖帝好记性，我是做了三年的翰林院待诏，还参与编纂了《武宗实录》呢！

正德-朱厚照

哎呦，你和我还有这缘分呢，你没有在书里抹黑我吧？

弘治-朱祐樘

+1

文徵明

您多虑了，编纂实录求的就是真实可靠。👍👍

正德-朱厚照

‹ 大明画家协会(17) ⋯

洪熙-朱高炽
> 咋就在翰林院待了三年,后来去哪里高就了?

嘉靖-朱厚熜
> 辞职回家了。

天启-朱由校
> 为啥呢?

文徵明
> 屋角疏花红自好,相看终不似江南。

宣德-朱瞻基
> 你做了我一直想做但不敢做的事情。

永乐-朱棣
> 咋,大孙子也想辞职?!

宣德-朱瞻基
>

景泰-朱祁钰
> 那个啥,不知文先生可还认识其他画家,让他们快些加入呀!

正统-朱祁镇

对呀对呀,人多才热闹!

嘉靖-朱厚熜

你不是有一个组合叫"吴门四家"吗?让其他几位队友都进群呀!

文徵明

划重点

　　文徵明:也作文征明,是明代著名的画家、书法家、文学家。文徵明曾学文于吴宽,学书法于李应祯,学画于沈周。文徵明出身官宦世家,将考取功名视为人生理想,但是考了10次都没有通过乡试。嘉靖初年,文徵明被举荐到翰林院,任待诏一职,后来辞官归乡,潜心研究书画,成为诗文书画的全能高手,被人称为"四绝"天才。苏州木就是文人雅士聚集之地,文徵明温文尔雅的性格和开阔的胸襟吸引了众多文坛和画坛的高手与之结交。他与沈周共同创立了吴门画派，是继沈周之后吴门画派的领袖。

"屋角疏花红自好，相看终不似江南"是文徵明在《燕山春色图》中的题诗。此画是文徵明在北京任职第二年时所画。他因为没有科举功名而被同僚排挤，加上不爱攀附权贵，便逐渐对仕途失望。相比之下，文徵明愈加思念苏州的景物和亲朋。画中所题的诗句便表达了他的思乡之情。

吴门四家又称"明四家"，指明代沈周、文徵明、唐寅、仇英四位画家。四人均是南直隶苏州府人（别称"吴门"），都是吴门画派的代表人物，因此被称为吴门四家。

文徵明不愧是绘画界的社交达人，不一会儿，就有五位画家相继扫码进了群。皇帝们这下可激动坏了，这是大明画家协会做大做强的预兆呀！

成化-朱见深

新加入的几位，请做个自我介绍吧。

唐寅

那我先来，大家好，我是唐寅，字伯虎，来自苏州府吴县，比较擅长花鸟画。

文徵明

唐兄不仅擅长绘画，书法写得也不错，还喜欢写诗作曲呢!👏👏

宣德-朱瞻基

和我一样，是个全才呀!

唐寅

天启-朱由校

冒昧问一句，你女朋友是秋香吗?

文徵明

哎呀，皇帝也这么八卦吗?

〈 大明画家协会(22) ···

唐寅

都怪冯梦龙这小子,拿我当小说素材写爱情故事。今天在这里澄清一下,"唐伯虎点秋香"的故事纯属艺术创作,与唐伯虎本人无关。

正德-朱厚照

天呐,原来我追的情侣是假的。

弘治-朱祐樘

儿子,理性追剧。

嘉靖-朱厚熜

@ 文徵明 唐寅说的是真的吗?

文徵明

他的风流韵事我怎么知道?

万历-朱翊钧

你俩不是好兄弟吗?

文徵明

中间绝交过一段时间,谁知道这段时间唐兄去干啥了。

大明画家协会(22)

天启-朱由校
天呐，吃到一个大瓜！

唐寅
阿文呐，我后来不是写信告诉你了吗?咱们不是和好了吗?

文徵明
哈哈哈，逗你呢！

正德-朱厚照
人心可经不起试探。

划重点

　　唐寅：字伯虎，号六如居士，是明朝著名画家、书法家、诗人。唐寅先后跟随沈周、周臣学画，他擅长山水画、人物画、花鸟写意画，比较著名的有《落霞孤鹜图》《秋风执扇图》等。他在书法和文学领域的成就也很高，因此也被称为"江南第一才子"。唐寅的一生跌宕起伏，20多岁时家中亲人就相继离世，参加科举考试却卷入科场舞弊案，被捕入狱。从此，他丧失了进取之心，生活穷困潦倒，靠卖画为生。

"唐伯虎点秋香"最早出现在冯梦龙的《警世通言》所收录的《唐解元一笑姻缘》中，讲述了唐伯虎于画舫中对秋香一见钟情，追随秋香到华府并抱得美人归的故事。据史料记载，明代确实有一位名叫秋香的风月女子，但是历史上的唐寅与秋香并不相识，唐伯虎点秋香的故事是艺术和文学加工创作的结果。

唐寅与文徵明是从小玩到大的朋友，二人都是苏州人，而且同岁，还一起跟随沈周学习绘画。文徵明少年老成、性格沉稳，唐寅年少轻狂、为人耿直。文徵明的父亲曾对儿子说，唐寅虽有才情但是为人轻浮。文徵明将此话说与唐寅，希望他能戒骄戒躁。唐寅不但不领情，还要与文徵明绝交。不过这似乎没有影响二人的友情，二人还是会一起为朋友的画题跋，后世也存有唐寅写给文徵明的书信。

朱棣看着群里聊八卦聊个没完，担心再这么说下去，大明皇帝们暴露"吃瓜"本性，赶紧出面控制局面。

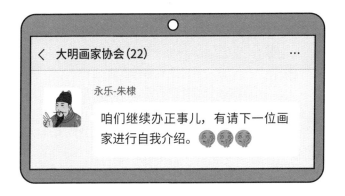

〈　大明画家协会(22)　⋯

永乐-朱棣

咱们继续办正事儿，有请下一位画家进行自我介绍。

< **大明画家协会(22)**　　　　···

文徵明

@ 沈周 老师您来吧。

沈周
OK

唐寅

欢迎老师！

沈周

大家好呀，我是沈周，来自苏州，平时喜欢读书、写字、画画。

天启-朱由校
不知先生擅长画什么？

文徵明

山水、花鸟、人物，我老师画得都挺好。

唐寅

没错，不过要说最擅长的应该是山水画。老师在传统山水画的基础上有很大突破，还发展了水墨写意山水画的表现技法，中年时期就成为画坛大佬了。

大明画家协会(22)

宣德-朱瞻基

成化-朱见深

早就听闻沈先生绘画造诣极高。只是先生一直没有入仕,所以我和先生没有见过面。

景泰-朱祁钰

啊!为啥不去做官呢?

沈周

比起做官,我还是更喜欢画画。

文徵明

父母在不远游,我老师不想让他的母亲成为留守老人。

沈周

陪伴是最长情的告白。

洪武-朱元璋

是个称职的好儿子。我去世的时候没有儿子一个在身边。

大明画家协会（22）

永乐-朱棣

爹，不是您让我们去就藩的吗？

洪武-朱元璋

是吗？年纪大了，好多事情都记不清了。

洪武-朱元璋

洪熙-朱高炽

爷爷，您不记得了，我们可都记着呢，史书里也都写着呢！

洪武-朱元璋

这年头，谎话都不好说了。

永乐-朱棣

爹，您是公众人物，得注意言行。

洪武-朱元璋

赶紧的，请下一位画家发言。

唐寅

@仇英 师弟，别"潜水"了，来和大家介绍一下自己。

大明画家协会（22）

仇英

仇英

大家好，我是仇英，来自苏州，比较擅长画人物，代表作是《汉宫春晓图》。

成化-朱见深

这就完了？

嘉靖-朱厚熜

直觉告诉我，此人也不一般。

唐寅

我师弟比较低调啦！

文徵明

小仇同学可是一位绘画天才，山水画、人物画都画得极好，他的《汉宫春晓图》被誉为中国"重彩仕女第一长卷"！👍👍

163

大明画家协会(22)

正德-朱厚照

哇哦，好厉害！

宣德-朱瞻基

好想看看这幅"重彩仕女第一长卷"呀！

成化-朱见深

我也是，仇先生发个图片让我们瞅瞅呗。

文徵明

这幅画太长了，咱们的屏幕装不下，大家想看的话请移步视频账号，关注"仇英画室"，遇到喜欢的画作还可以点击下单哦！

仇英

多谢文先生的推荐。

文徵明

都是朋友，不必言谢。

天启-朱由校

这"吴门四家"都介绍完了，还有哪些进群的画家没有介绍呀？

＜ 大明画家协会（22）　　　　…

文徵明

来，有请下一位 @ 陈淳。

划 重 点

　　沈周：字启南，号石田，又号白石翁，在元明文人画领域有承前启后的作用。他出身书香绘画世家，早年跟随刘珏及伯父沈贞等人学画，后来博采宋元众画家之长，融会贯通，自成一家，开创了明代绘画的新风格，影响了文徵明、唐寅、陈淳等后辈画家。沈周一生未应科举，以隐居为乐。也曾有人想留他做幕僚，都被他以母亲年老为由推辞了。沈周传世画作并不多，现多藏于博物馆，比较著名的有《仿董巨山水图》《庐山高图》《沧州趣图》等。

　　仇英：字实父，号十洲，是明代的绘画大师。与沈周、文徵明、唐寅不同，仇英出身寒门，没有接受过系统的人文教育，所以他没有文集传世。从现有的资料来看，仇英早年跟随父亲学做漆工，因能力出色得到了文徵明的赏识，并在其帮助下拜周臣为师，学习绘画。本就天资不凡再加上不懈的努力，仇英最终成为吴门画派的代表人物，与周臣、唐寅并称为院派三大家。其所绘的《汉宫春晓图》被誉为中国"重彩仕女第一长卷"，与《清明上河图》《富春山居图》《千里江山图》等画作并称为"中国十大传世名画"。

　　"吴门四家"相继介绍完毕,沈周、唐寅、仇英三人与文徵明的关系都不一般。朱厚照以为文徵明认识的大画家应该就这几位了,孰不知文徵明不仅朋友多,徒弟也不少。

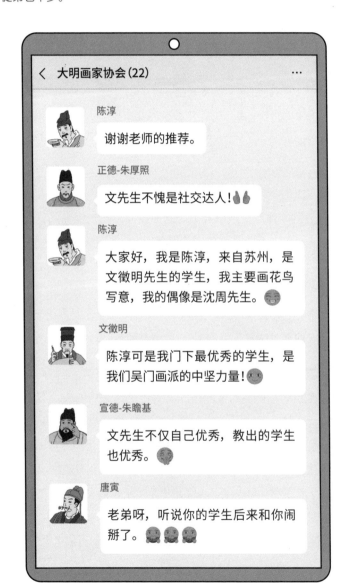

< **大明画家协会 (22)** ···

文徵明

唉，他父亲去世后，他就性情大变了，绘画风格也发生了变化，更喜欢临摹咱们老师沈周的画作。

沈周

哎呀，还是我的魅力大！😁

陈淳

咋还当着我的面议论我呢？😆

文徵明

哈哈哈，好徒弟，你有出息，我高兴还来不及呢。

成化-朱见深

@陈淳 听说你还有个组合叫"白阳青藤"，你队友是谁呀？

徐渭

他的队友就是我——徐渭。🙂

正德-朱厚照

你不是写戏剧的吗?啥时候转行去画画了？😶

徐渭

诗文书画我都爱，不行吗？

宣德-朱瞻基

那么请问，如果要对自己各方面的能力进行一个排名，你会怎样排序呢？🎤💤

徐渭

书法第一，诗第二，文第三，画第四。😄

崇祯-朱由检

天才在哪个领域都会发光！👐👐

徐渭

过奖过奖，我在政治领域一直就没亮过。😄

正德-朱厚照

为啥这样说？😶

徐渭

·)) 8 "

原谅我这一生放荡不羁爱自由。

< 大明画家协会(22)   …

正德-朱厚照

·)) 7"

也会怕有一天会跌倒 oh~no~

永乐-朱棣

咋还对起歌来了？

正德-朱厚照

一下没控制住。

徐渭

我是不屑与官场的那些伪君子虚与
委蛇。

万历-朱翊钧

懂了，太有个性被排挤了。

嘉靖-朱厚熜

哎呀，大孙子这理解，满分呀！

崇祯-朱由检

这种感觉我懂，天才都是孤独的。

正德-朱厚照

@文徵明 你听到这话啥感受？

文徵明

人都需要朋友，社交使我快乐。

永乐-朱棣

弘治-朱祐樘

朋友多了路好走！

宣德-朱瞻基

既然如此，大家伙就发动朋友的力量，多多宣传咱们大明画家协会，召集更多的画家加入！

洪武-朱元璋

来的都是吴派画家呀！还得多招募其他画派的画家加入！

唐寅

没办法，谁让我们"吴派"是明代画坛的主流呢？

仇英

低调低调。

大明画家协会(22)

沈周
浙派、松江派也有很多优秀的画家，为明朝绘画艺术的发展做出了很大贡献！

宣德-朱瞻基
没错，广纳各个流派，咱们大明画家协会才能做大做强呀！🙏

文徵明
同意！

万历-朱翊钧
这就去开直播，提高咱们协会的知名度！

划 重 点

陈淳：字道复，后更字复甫，号白阳，早年师从文徵明，后又效仿沈周的画法。陈淳擅长写意花鸟画，画风恣意潇洒，开创明清水墨大写意花鸟画的先河，与后来的徐渭并称为"白阳青藤"。陈淳的传世作品有《红梨诗画图》《葵石图》《花卉图册》等，多藏于博物馆。

徐渭：字文长，号青藤老人、天池山人，是明代著名的文学家、戏曲家、书画家、军事家。徐渭在诗文书画领域都颇有建树，擅长飞扬恣肆的狂草，开启了晚明新的书法风格。他是中国"泼墨大写意画派"创始人之一，对后世画坛影响极大。与艺术领域的杰出成就相比，他在政治领域屡遭挫折，他曾在胡宗宪门下做幕僚，胡宗宪被捕入狱后，徐渭也被牵连。胡宗宪一案使其更加厌恶官场的黑暗，也对人生失去希望，自杀多次未遂，晚年在穷困潦倒中去世。

"吴门画派"不愧是明代画坛的主流派别，消息就是灵通，成为第一批加入大明画家协会的门派。为了协会能够做大做强，诸位皇帝还得继续努力，加大宣传力度，邀请其他派别的画家们加入这个大家庭！

九

大明皇帝
养成之路

皇帝肩负着一个国家的前途和命运，他们的品行、才能对国家的发展至关重要。作为明朝开国之君的朱元璋十分重视皇室子孙的教育，明朝中期也形成了一套针对皇帝及太子的完整的教育制度。那么，大明朝的皇帝究竟是如何养成的呢？

< **大明帝王群(16)**　　　···

洪武-朱元璋

孩儿们，经过这几次的观察，我发现你们个个是奇葩！

洪熙-朱高炽

建文-朱允炆

促织皇帝、修仙皇帝、文盲皇帝……还不奇葩吗？

洪武-朱元璋

唉，当初为了确保你们成为合格的继承人，我还专门写了本培养指南。我就纳闷了，你们到底看没看?!

天启-朱由校

啥指南，我咋没啥印象。

崇祯-朱由检

唉，就是《皇明祖训》。

< 大明帝王群(16)　　　　···

建文-朱允炆

我可是从小就读这本书，其他人就不知道了。😊

永乐-朱棣

我也时刻谨记书中教导，严格要求自己！

建文-朱允炆

起兵造反的人还好意思说这话！

正统-朱祁镇

我太爷爷或许不是一个合格的叔叔，可他是一个合格的皇帝！👍👍

洪武-朱元璋

这点说得没错，朱棣确实是一个合格的皇帝！

永乐-朱棣

谢谢父亲的夸奖，还是您培养得好！

永乐-朱棣

大明帝王群(16)

景泰-朱祁钰

太爷爷培养的继承人表现也都不错！

洪熙-朱高炽

啥培养不培养的，说到底还得靠自觉。

建文-朱允炆

洪熙-朱高炽

在我监国的时候，我爹没少给我添堵，还美其名曰锻炼我的能力。

永乐-朱棣

胡说，我不是安排蹇义、杨士奇辅佐你吗？

嘉靖-朱厚熜

我咋听说您安排了不少眼线监督太子。

永乐-朱棣

我那是担心太子犯错误。

《皇明祖训》：朱元璋主持编纂的明朝典籍，初名《祖训录》，内容主要是对后世君主、太子、亲王的训诫，并对皇室子孙及其亲眷的个人起居、品格操守、宫廷制度等都做了详细的规定。朱元璋将此书立为家法，命令后世子孙严格遵行，不得更改。该书体现了朱元璋的政治思想和教育理念，也是研究明初政治、职官及亲藩制度的重要史料。

在太子朱高炽监国期间，朱棣安排了蹇义、杨士奇等人辅佐他。朱高炽仁厚谦和，推行"仁政"，因此在百官中颇有威望。朱棣担心太子势力坐大，便安排眼线监督太子的言行，还打压太子的亲信。

朱高炽提起自己做太子时朱棣对他的冷落，非常伤心。眼看着群里的气氛冷了下来，朱瞻基赶紧出来转移话题，说起自己对儿子朱祁镇的教育。

< 大明帝王群(16)   ···

 宣德-朱瞻基

培养孩子是个大难题，我为了培养太子的能力也下了不少功夫。

 洪武-朱元璋

哦，说来听听。

 宣德-朱瞻基

我活着的时候太子还小，他和身边的宦官比较亲近，我就让宦官读书识字，辅导太子学习。

 崇祯-朱由检

这是啥道理？

 宣德-朱瞻基

宦官与太子朝昔相伴，他们的学识、品行很容易影响到太子的。

 洪武-朱元璋

这么快就把我的告诫放到脑后啦?!

 宣德-朱瞻基

具体情况具体分析嘛。

大明帝王群(16)

永乐-朱棣
大孙子，你走之后太子的教育咋整的呀？

宣德-朱瞻基
我当初把他托付给了"三杨"，具体情况让祁镇来给您讲讲。

正统-朱祁镇
我小时候一个月要参加三次经筵，可把我累坏了。

正统-朱祁镇

洪武-朱元璋
经筵不是想开就开，不想开就不开吗?有啥累的?

正统-朱祁镇
老祖宗，您可不知道呀!我做皇帝时，经筵已成定制了。

< **大明帝王群(16)** ···

洪熙-朱高炽

多好的学习机会呀，你得珍惜。

正统-朱祁镇

唉，每次都得提前准备各种东西，讲师和服务人员比听讲的人都多，讲的内容我也听不太懂。😬

弘治-朱祐樘

小时候确实听不太懂他们在讲啥。

永乐-朱棣

都有谁给你们讲课，都讲些啥呀?👀

正统-朱祁镇

讲师主要是从翰林院和春坊选拔上来的，主要讲四书五经。

洪武-朱元璋

这教科书选得不错!😏😏😏

宣德-朱瞻基

有朝中名师亲临讲学，你有啥听不懂的?👀

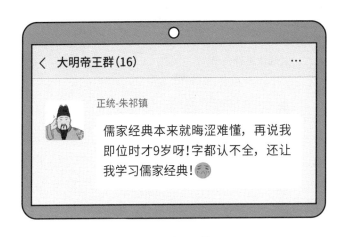

据《明代宫廷教育史》中记载，明代太子在接受正规的教育之前，仅由内臣近侍辅导其读书、写字，教授其行为礼仪。这种言传身教的教育方式，在潜移默化中对太子产生影响，为以后的学习打下了基础，因此内臣近侍的文化素养和品行就显得格外重要。这种教育方式也是明代中后期宦官专权现象频发的一个重要原因。

经筵：帝王为讲经论史而设置的御前讲席，萌芽于西汉，成制于宋代，明代经筵制度始于正统帝朱祁镇时期。他幼年即位，学识尚浅，为了培养其治国能力，杨士奇等人上书请求开启经筵，得到太皇太后的大力支持。正统初年的经筵每年分春讲和秋讲两期，每期三个月。经筵在每个月的二日、十二日、二十二日举行。明中后期，经筵制度实行较好的是朱祐樘和朱载至两位皇帝。

看到朱祁镇讲述自己小时候的学习经历，10岁即位的朱翊钧深有同感，便发言表示赞同，趁机炫耀了张居正专门为自己编写的书。

< **大明帝王群(16)**　　　...

万历-朱翊钧

我可太同意了，不过我有《帝鉴图说》。

正德-朱厚照

漫画书吗?借我看看。

万历-朱翊钧

这是张居正专门为我编撰的图文并茂的教科书，你没有。

正德-朱厚照

我当是啥好书呢，原来是教科书呀，不看也罢。

万历-朱翊钧

你这是吃不着葡萄就说葡萄酸。

泰昌-朱常洛

也有人为我编了本书叫《养正图解》，可惜我没能看到。

宣德-朱瞻基

泰昌-朱常洛

我爹怀疑作者借此书影射他宠幸郑贵妃，怠政误事，就没有发行。

嘉靖-朱厚熜

@ 万历 - 朱翊钧 大孙子，小气啦！

万历-朱翊钧

哎呀，都有《帝鉴图说》了，还要《养正图解》干啥？😁

正德-朱厚照

好书不怕多。

崇祯-朱由检

书再有趣有啥用，还不是动不动就停课。😶

洪武-朱元璋

不是成为定制了吗?咋还暂停呀?😳

嘉靖-朱厚熜

虽说是每月三次，可是寒暑日不开课，遇到风雨天气不开课，皇帝有事也不开课。

< 大明帝王群(16)   ···

万历-朱翊钧
> 人总要歇一歇的嘛！

万历-朱翊钧

正德-朱厚照
要说这经筵开得最好的还得是我爹 @ 弘治 - 朱祐樘，他不仅每月按时参加经筵，还每天参加日讲呢！😊

永乐-朱棣
佑樘的确是大明中后期皇帝里最勤奋的那个了！👍👍

弘治-朱祐樘
作为一国之君，必须得不断提升自己，不能懈怠。🥷

洪武-朱元璋
要我说，你们做太子的时候就应该好好学习。

嘉靖-朱厚熜
不好意思，没这经历。

崇祯-朱由检
我也是，没当过太子。

景泰-朱祁钰
同上。

正统-朱祁镇
我的太子生涯太短暂了，还没来得及好好学习就继承皇位了。

宣德-朱瞻基
儿子，你自己不爱学习，咋还怨我死得早呢?!

洪武-朱元璋
谁做太子的时间比较久呀?来说说做太子时都学啥了?

划 重 点

《帝鉴图说》：张居正为年仅10岁的万历帝朱翊钧编写的蒙学

教科书。全书分为上下两册，上册讲述古代帝王仁心德政的事迹，下册讲述历代昏君、暴君的故事。书中的每个故事都有形象的插图。此书图文并茂，成为后来明清两代皇帝的必读书目。

《养正图解》：成书于万历年间，是翰林院修撰焦竑为了教育皇长子朱常洛编纂的启蒙读物。该书收录了西周至宋代忠孝仁义的传说典故，每个故事附有图画和解说，旨在向皇长子阐释治国为君之道。当时朱翊钧想立郑贵妃的儿子朱常洵为太子，遭到群臣反对后便怠政抗议。书中又提出君王不可沉迷美色从而怠政误事，因此朱翊钧没有将此书作为皇子的开蒙读物发行。但是该书的民间刻本流传甚广，还深受清代皇帝的喜爱和推崇。

弘治年间，朱祐樘采纳大臣的建议开始实行日讲，又称小经筵。日讲每日都要举行，且仪式简单，其教学效果远远超过了经筵，是此后明代皇帝学习的主要方式。

自成化帝朱见深开始，明朝的皇帝除朱载坖和朱常洛之外，即位时年龄都比较小。皇帝们初登帝位之时，他们在文官集团或太后、太皇太后的要求下还能按时参加经筵、日讲。但是，晦涩无趣的教学内容和死板的教学方式极大磨灭了皇帝的学习热情。多数皇帝亲政之后，就会以各种理由暂停经筵、日讲等学习活动。

朱元璋想知道他去世之后明朝是怎样培养太子的。当太子时间最长的朱高炽又被点名了。

< 大明帝王群(16) ...

景泰-朱祁钰

要说做太子的时间，都比不过我爷爷 @ 洪熙 - 朱高炽呀！

正统-朱祁镇

咱爷爷可是做了20年的太子呀！

正德-朱厚照

刚才不说了吗，你爷爷是自学成才。

永乐-朱棣

哎哎哎，再说一遍，我那叫因材施教。

嘉靖-朱厚熜

解释就是掩饰。

建文-朱允炆

听说你不仅带着瞻基打仗，还早早就安排他出阁讲学了。太子朱高炽的老师都被安排去教朱瞻基了。

洪熙-朱高炽

确有此事！不过我的就是我儿子的。

天启-朱由校

@ 万历 - 朱翊钧 看看人家是怎么做爷爷的。

泰昌-朱常洛

儿子，都是爹连累了你。

万历-朱翊钧

我也是第一次做爷爷，都是跟我爷爷 @ 嘉靖 - 朱厚熜学的。😶

嘉靖-朱厚熜

臭小子，找打是不是！✏

隆庆-朱载垕

爹确实不怎么重视对我和翊钧的培养。

嘉靖-朱厚熜

你9岁时，我不就安排你出阁讲学了吗?

隆庆-朱载垕

那也是迫于大臣们一再上书的压力。

隆庆-朱载垕

趣说中国史·明朝篇

< 大明帝王群（16）　　　　　　　　···

嘉靖-朱厚熜
后来我也经常关心你的学习情况呀！

万历-朱翊钧
是吗，那我爹咋不知道？

嘉靖-朱厚熜
大爱无言！

正德-朱厚照
爱就要大声说出来呀！

万历-朱翊钧
没错，我爹对我的好我都记得。

正统-朱祁镇
哦，说出你的故事。

万历-朱翊钧
我刚出阁讲学那年，父亲担心我适应不了紧张的学习节奏，提前结束了春讲，给我放了四个月的假期！

洪武-朱元璋
啥，四个月的假期！

永乐-朱棣

这要等开学不全都忘干净了？

万历-朱翊钧

您想得太简单了！那群大臣才不会让我好好享受假期呢！

洪武-朱元璋

隆庆-朱载坖

翊钧假期也不能歇着，得复习功课。

万历-朱翊钧

爹，您走之后我的假期就更少了，多花点时间练练字都会被张居正教育，说我不务正业！

正德-朱厚照

我有点理解你后来为啥不爱上朝了。

洪武-朱元璋

报复性休假不可取。

明朝祖训规定，皇太子到了一定年龄就要开始接受正规、系统的教育，即出阁讲学。根据现有史料可知，明代太子出阁讲学的年龄在8~15岁之间。起初上课的地点在大本堂，后来改到了文华殿。举行完出阁讲学仪式后，太子每天都要读书、听讲、练字、练习骑射，称为每日讲读仪。和皇帝的经筵、日讲一样，讲学分为春秋两学期，在节假日、寒暑月和雨雪天时可以暂停。

朱元璋和朱棣对太子、太孙的教育都十分重视，与他们形成鲜明对比的是朱厚熜和朱翊钧祖孙俩。朱厚熜迷信"二龙不得相见"的说法，很少见自己的儿子，因此对他们的教育关注得也比较少。在大臣多次上书后，才安排皇长子朱载垕举行出阁讲学仪式。朱翊钧则是因为不喜欢长子朱常洛，所以对长孙朱由校也不怎么喜欢，更别提关心二人的教育了。

隆庆六年（1572年），太子朱翊钧9岁，隆庆帝朱载垕认为太子年幼，难以适应每日讲读的学习节奏，便下令提前一个月停

止了讲读。但是身为太子，朱翊钧无法享受到轻松又完整的假期。他要温习之前所学的内容，每月的初一、十五，讲读官都会到文华殿检查他的功课。由此可知，朱翊钧幼年时的学习压力还是很大的。

看到万历帝朱翊钧反对高压教育，弘治帝朱祐樘不禁疑问，到底怎样的教育强度才算合适呢？

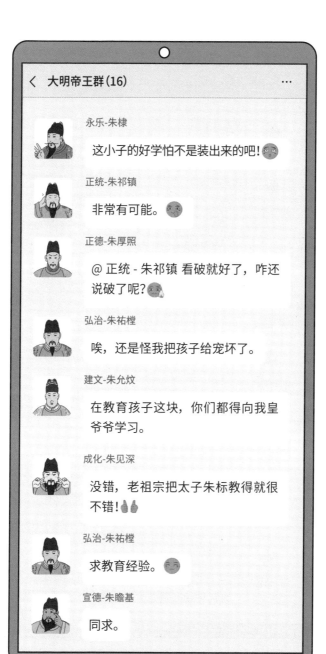

洪武-朱元璋

既然大家都想听，今天就好好说说。

建文-朱允炆

洪武-朱元璋

首先，得重视教育。

永乐-朱棣

没错，建国之初，我爹就安排太子到大本堂听讲了，还在全国寻找名儒给太子当老师。

洪武-朱元璋

要想培养一个德才兼备的皇位继承人，必须得选择德才兼备的老师才行，这是第二点。

景泰-朱祁钰

@宣德 - 朱瞻基 爹，这是说你呢！谁让你给我哥选太监当启蒙老师的！

宣德-朱瞻基

嘘!认真听讲，别说话。

洪武-朱元璋

最后一点，就是要让太子在实践中学习，这样才能熟悉自己的工作内容，积累工作经验。

永乐-朱棣

爹，这点我是不是做得还不错?

洪武-朱元璋

你倒是不谦虚。

弘治-朱祐樘

以上三点我好像都做到了，到底差在哪里了呢?

宣德-朱瞻基

可能差在你们的太子不是同一人。

弘治-朱祐樘

怎样才能培养一位像朱标那样的太子呢?

大明帝王群(16)

宣德-朱瞻基

做到以上三点。

正统-朱祁镇

咋还陷入循坏了？

洪熙-朱高炽

我算是看明白了，教育孩子是个难题，不能用一种教育方法硬套，得因材施教。

永乐-朱棣

儿子，你总算明白为父的苦心了。

弘治-朱祐樘

有没有帮助父母教育孩子的补习班呀?我得去报个名！

宣德-朱瞻基

划 重 点

朱祐樘非常重视对儿子朱厚照的教育，2岁时便立其为太子，后来安排他出阁读书。朱厚照也没有辜负父亲的期望，表现得十分勤奋好学，得到了讲官和学士们的一致夸奖。然而，朱厚照背地里却经常和宦官们厮混，游乐无度，是明朝最荒淫无度的皇帝。

朱元璋在培养太子这方面的确是其他皇帝的榜样，洪武元年（1368年）便安排左丞相李善长兼任太子少师、右丞相徐达兼任太子少傅、鄂国公常遇春兼任太子少保，让他们辅佐朱标学习治国之道。朱元璋还在宫中建立大本堂，延请四方名儒来教太子儒家经典。朱元璋也非常注重对太子进行实践教育，经常安排朱标处理政务、巡查各地。

为了让皇帝成为有道明君，明朝规定从皇子幼年时就要接受启蒙教育，身为太子要出阁讲学，继承皇位后要参加经筵日讲。这的确使他们受到了良好的教育，也为明朝培养了几位明君。但是，这也极大地限制了皇帝的个性发展，磨灭了皇帝的学习兴趣，加深了君臣之间的矛盾。明代中后期的皇帝们如此"叛逆"，或许就是对这种教育制度的反抗。

老朱威武

十

明朝皇帝的
爱情故事

　　俗话说最是无情帝王家,皇宫内院从来都是只听新人笑,不闻旧人哭。大明王朝虽盛产专一的好男人,不过也有几位"渣男",要么太薄情,要么太多情。这不,朱载垕发了个半夜蹦迪的朋友圈之后,群里便开始了对朱载垕的"慰问",并由此展开了"宠妻团"的专场表演。

嘉靖-朱厚熜

@ 隆庆 - 朱载坖 大晚上不睡觉，又去哪儿花天酒地了?!

洪武-朱元璋

@ 隆庆 - 朱载坖 你是个有家室的人，不要这么任性好吗?

隆庆-朱载坖

我只是出来简单地放松一下啦!

万历-朱翊钧

爹，看您周围一圈的漂亮宫女，不像是简单地放松一下啊

隆庆-朱载坖

你懂什么?

洪武-朱元璋

啥?家里面那么多漂亮媳妇还不够!

弘治-朱祐樘

是啊，载坖，这我就要说两句了，咱大明的男人可都是最专情的了，你咋就成"渣男"了呢?

正德-朱厚照

爹此言不假，您与母后的爱情故事可谓一段佳话呢。

万历-朱翊钧

@弘治-朱祐樘 您与张皇后确实是我们的榜样，那时候平民百姓尚且有三妻四妾，您只爱张皇后一人，再无其他妃嫔。👍👍

隆庆-朱载坖

既然百姓都有三妻四妾，那我一个皇帝多纳几个妃嫔又咋啦，我只是想给所有女人一个家而已。😭

隆庆-朱载坖

正德-朱厚照

你这太博爱了点，那么多妃嫔管理得过来吗?😒😒😒

隆庆-朱载坖

嘿嘿，虽然妃嫔多了点，但是我有陈皇后帮我打理后宫呀。

划 重 点

隆庆帝朱载坖初登帝位时还算积极有为，可是到了后期却沉迷女色。据说朱载坖在不打理朝政的时候，不是与妃嫔们在一起，就是在去找妃嫔的路上。后宫有佳丽三千，但他依旧不满足，还专门派人去民间广寻美女，开展大型的选妃活动，每次选的美女多达几百个。

弘治帝朱祐樘一生仅有一位皇后，也就是孝成敬皇后张氏。张皇后并非望族出身，但其活泼乐观、美丽聪颖的性格深受朱祐樘的喜爱，二人相处得十分和谐，婚后生活也十分美满，是古代帝后中真正的一生一世一双人。

隆庆帝朱载坖的陈皇后贤良淑德，曾多次劝告隆庆帝为了国家利益不要过于沉迷女色，导致朱载坖对她很是反感。陈皇后对

朱翊钧视如己出，所以与朱翊钧及其生母李贵妃相处得十分和谐。朱翊钧为太子时，对陈皇后也十分尊重，每日向生母李贵妃请安后，还会去陈皇后寝宫问安。

众人听着朱载垕的"光辉事迹"不禁火大起来，"渣男"行为一定要在老朱家杜绝！这不朱祁镇便跳出来开始展示他与钱皇后的爱情故事，企图让朱载垕感受一下从一而终的美好。

大明帝王群(16)

景泰-朱祁钰

瞎说啥呢，我可没中饱私囊！那些钱财根本无法满足瓦剌人的胃口，我也无能为力啊！

成化-朱见深

我爹在瓦剌的时候，她每天都去佛堂祈祷，腿都跪坏了！

正统-朱祁镇

是我亏欠她太多了！所以我再次登基后便将她从南宫风风光光地接回皇后宫中，再不让她受半点委屈！

弘治-朱祐樘

听说您还专门为了皇祖母废除了妃嫔殉葬制度，皇爷爷此等深明大义，实乃我等晚辈学习的典范！

正统-朱祁镇

我也是向我爹学习，小时候就常听我母亲说他俩的爱情故事。

洪武-朱元璋

那瞻基也来和大家讲讲吧。

正统帝朱祁镇的皇后钱氏是靖难功臣钱整的孙女，经张太皇太后引荐，许配给了朱祁镇。她是自明朝建立以来第一个皇帝即位后才娶进门的皇后，因此二人的大婚典礼极为隆重。

朱祁镇被瓦剌抓走后，钱皇后便想尽办法营救自己的丈夫。她先后变卖了自己的嫁妆、月供，并交给景泰帝朱祁钰，还主动让出自己的宫殿给朱祁钰的皇后住，只为让朱祁钰想办法把朱祁镇从瓦剌人手里救出。朱祁钰也被钱皇后感动，但是很显然这点钱根本无法赎回朱祁镇，他也无计可施。钱皇后还每日去庙堂祈祷朱祁镇平安无事，甚至哭瞎了一只眼睛。据说由于每日跪地祈祷，她把自己的腿跪成重伤，再也无法恢复。

朱祁镇复位后，知道了钱皇后为自己做的一切，更是对钱皇后疼爱有加，迎接钱皇后回宫的仪仗规格已经达到皇帝水平。另外，朱祁镇不顾百官的强烈反对，废除了太祖皇帝立下的后妃殉葬制度。朱祁镇立下遗嘱，让钱皇后死后与他合葬，但成化帝朱见深生母李氏从中作梗，二人最终没有葬在一起。

朱瞻基突然被老祖宗点名，便打算撒一波与孙皇后的狗粮，谁想到竟引出了包办婚姻阵营与自由恋爱阵营的"辩论会"。

< 大明帝王群(16)　　　　　　　…

宣德-朱瞻基

说起来怪不好意思的，我从小与孙宝宝一起长大，是青梅竹马，我们俩的感情可比一般包办婚姻的感情更深厚呢！

永乐-朱棣

小胡不也挺好吗?秀外慧中、温柔贤惠，你怎么就那么喜欢小孙呢?

宣德-朱瞻基

爷爷，我明白您给我选的孙媳妇一定是最优秀的，可是强扭的瓜不甜。

隆庆-朱载垕

媳妇还嫌多。

宣德-朱瞻基

弱水三千，我只取一瓢饮。

正统-朱祁镇

我爹不仅对母后专情，还破例给我母亲皇后级别的金印金册，为我母亲的祖辈封官加爵，足见我爹用情至深啊!

永乐-朱棣

选妻当选贤能者，徐皇后跟随我到北平就藩，我在南京登基后，她也时时刻刻为我分忧，在这里谢谢老爹为我选的好媳妇！🗻

洪武-朱元璋

儿子不用客气！所以说选皇后可不光是喜欢就够了啊！😊

洪武-朱元璋

棺局打开

宣德-朱瞻基

太爷爷，您这包办思想太老旧啦，现在年轻人都崇尚自由恋爱了。😆

隆庆-朱载坖

对啊对啊，包办婚姻只是走个形式啦，自由恋爱才是真爱。😏

永乐-朱棣

包办婚姻怎么了，我们不都挺恩爱的吗！所以你要相信家长的眼光，我们还能害了你们吗？😏

< 大明帝王群(16) ···

建文-朱允炆

没错，我爷爷和我奶奶就是父母之命，媒妁之言！

洪武-朱元璋

从我打天下的时候，大脚就一直跟着我，悉心照顾我，在我登基后也给了我许多政事上的意见。

永乐-朱棣

这个我能作证！

洪武-朱元璋

只可惜大脚还没多享几年福就走了，留我一个人在世上。

永乐-朱棣

爹不要难过，孩儿太理解您的感受了，徐皇后在我身边操劳了半生，也年纪轻轻就走了。

成化-朱见深

您别伤心，她们都是大明皇后的典范，会一直活在人们心中的。

　　宣德帝朱瞻基最喜爱的皇后为其第二任皇后孙氏。朱瞻基与孙氏一同长大，因此二人感情深厚，朱瞻基也有意立孙氏为太子妃。然而，朱棣却为朱瞻基选择了胡氏为正妃，孙氏只能为嫔。朱瞻基即位后，封孙氏为贵妃，还破格赐予她只有皇后才有的金印金册。在孙氏生下皇长子朱祁镇后，朱瞻基便以此为由废黜了胡皇后，立孙氏为皇后。

　　朱棣与徐皇后是在朱元璋的促成下成婚的。徐氏是开国功臣徐达之女，她天资聪颖、喜爱读书，有"女诸生"的美誉，14岁便嫁给了朱棣。成婚后，徐氏随朱棣到北平就藩，在朱棣进攻大宁期间，徐氏带领军队坚守北平城。朱棣即位后，徐氏被册封为皇后，她时常规劝朱棣爱惜百姓，广求贤才。徐皇后于46岁病逝，她的死对朱棣打击很大。为完成徐皇后生前遗愿，朱棣加快了迁都北京的步伐，并将徐皇后的灵柩运回北京葬于长陵。

　　朱元璋与马皇后的婚姻是马皇后的义父郭子兴一手包办的。二人成婚后，马氏跟随朱元璋南征北战。朱元璋登基后，便立马氏为皇后。马皇后不仅将后宫治理得井井有条，也精心辅佐朱元璋，经常劝说朱元璋要虚心纳谏，不要滥杀无辜，真正做到了母仪天下。50岁时，马皇后因病去世。朱元璋悲痛欲绝，再也没有立皇后。传说马皇后小时候没有缠足，因此民间多称其为"大脚皇后"。

谁说包办婚姻就不幸福了呢?朱由校、朱由检兄弟二人一起举手反对,不秀恩爱可不代表婚姻不幸福呀!

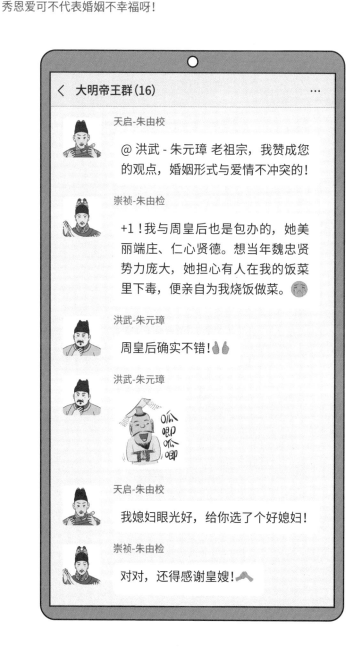

洪武-朱元璋

这么说来，阿校的媳妇也不错！

天启-朱由校

那当然，我媳妇不仅能干，长得还漂亮。😀

天启-朱由校

洪武-朱元璋

你小子是真有福气啊！

崇祯-朱由检

我哥是享福了，但是皇嫂却受了不少苦，她被魏忠贤等人暗算，最后流产！😡

天启-朱由校

这是我一辈子的痛啊！😭😭

泰昌-朱常洛

儿子，你不是走得挺早的吗?儿媳妇之后的日子也不好过呀！

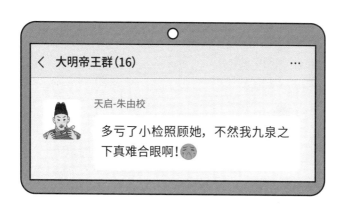

天启·朱由校

多亏了小检照顾她，不然我九泉之下真难合眼啊！

划 重 点

朱由检与周皇后的婚姻是由朱由校与张皇后夫妻俩包办的。周皇后不仅长得漂亮，品行也很好。朱由检即位后厉行节俭，周皇后也以身作则，布衣素食，还自己做女红，节省支出，像极了马皇后。北京城破之日，周皇后也自缢殉国，年仅33岁。

朱由校死后，魏忠贤企图自立一位皇帝，进而继续把持朝政。因此，朱由检初登帝位之时，不得不时刻提防着魏忠贤谋权篡位。周皇后担心有人在饭菜中下毒，便亲自料理朱由检的一日三餐。

朱由校的原配皇后张氏不仅长相出众，还非常贤德。她非常不喜欢魏忠贤和朱由校的乳母客氏，经常告诫朱由校远离二人，导致二人对她恨之入骨，使其流产再也不能生育。因为朱由校非常喜爱张皇后，魏忠贤与客氏也不敢杀害她。朱由校死后，张皇后被托付给朱由检，朱由检与周皇后夫妻俩对她很是尊重。

朱见深听到正方辩手朱由校、朱由检兄弟俩对包办婚姻的阐述，不禁也开始跃跃欲试，他觉得包办婚姻远没有自由恋爱香！

大明帝王群（16）

成化-朱见深

我觉得，自由恋爱才是爱情最真实的样子，就比如我跟贞儿，跨越阶级和年龄的束缚，走在了一起。

景泰-朱祁钰

大侄子，你这年龄跨得未免有点大。

正统-朱祁镇
你二叔说得也对，这万贞儿都能给你当妈了！

成化-朱见深

年龄在真爱面前不是问题。

弘治-朱祐樘

我爹是典型的恋爱脑、大情种。

成化-朱见深

多谢夸奖！

正统-朱祁镇

这儿子咋听不出好赖话呢？

< 大明帝王群(16)   ···

正德-朱厚照

自由恋爱多好啊，我跟刘娘娘就是自由恋爱。

嘉靖-朱厚熜

老哥，你那几位皇后、妃子我都知道，可这位刘娘娘是谁啊？

隆庆-朱载坖

就是我大爷去江西抢回来的那位民女吧。

嘉靖-朱厚熜

哦?不是叫李凤姐吗？

嘉靖-朱厚熜

正德-朱厚照

什么李姐凤姐啊，那都是后人杜撰出来的，刘娘娘才是我巡边时遇到的真爱。

大明帝王群(16)

隆庆-朱载坖

万历-朱翊钧

渣男！

正德-朱厚照

我与她整日寸步不离，还对她百依百顺，言听计从，怎么就成"渣男"了！😤

嘉靖-朱厚熜

洪武-朱元璋

不要老拿自由恋爱说事了，先婚后爱也很香。😶

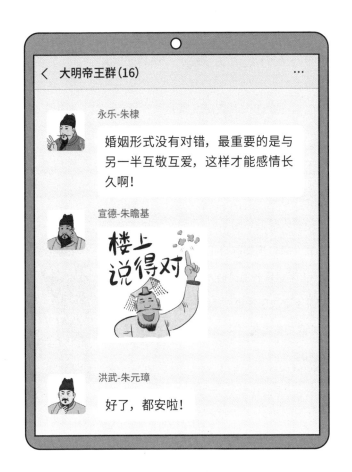

朱见深一生最宠爱的女人是万贞儿。朱祁镇被瓦剌抓走时，朱见深不足2岁，除了皇祖母孙太后，只有万贞儿陪在他身边，悉心照顾他的起居，因此他对万贞儿十分信任和依赖。朱见深登基后，封万贞儿为万贵妃，专宠万贵妃一人，对其百般疼爱。

朱厚照出巡到太原时，看上了晋王府乐工杨腾的妻子刘氏，并将她带回了京师，住进了豹房。朱厚照对刘氏宠爱至极，御驾亲征都带着她，对她言听计从。所以得罪朱厚照的人经常会央求刘氏为他们说好话，以获得朱厚照的原谅。后世称刘氏为刘娘娘，京剧、黄梅戏中《游龙戏凤》的故事就是以二人为原型改编的。

随着朱棣的总结陈词，皇帝对于自由恋爱与包办婚姻的辩论也结束了。其实，不管是皇帝还是普通人，婚姻的幸福或许并不取决于是包办婚姻还是自由恋爱，关键在于夫妻二人的性格和对于婚姻的态度。

老朱威武

十一

没那么幸福

在中国古代，皇帝是九五之尊，拥有至高无上的权力，衣食住行都有人伺候，他们应该是世界上最幸福的人。近期，中国古代帝王俱乐部就开展了题为"中国古代帝王幸福度"的调查活动。明朝的诸位皇帝也参与了此次活动，调查结束后，众人便在群里聊起了此事。

大明帝王群(16)

正德-朱厚照

家人们都参加"中国古代帝王幸福度"的调查活动了吗?结果咋样呀?😶

洪熙-朱高炽

参加啦,我这一生过得还算幸福吧。

嘉靖-朱厚熜

嗯呐,也是觉得还可以。

正德-朱厚照

咋?不觉得皇帝的生活特别幸福吗?

正德-朱厚照

泰昌-朱常洛

您以为谁都跟您一样是独生子呀!😤

隆庆-朱载垕

大孙子说得对!👍👍

< 大明帝王群(16)   ···

正德-朱厚照
独生子有啥好，我还愁没有兄弟陪我一起玩呢。😑

洪熙-朱高炽
独生子能够享受到父母全心全意的爱，还不会有人和自己争皇位，多好呀。

洪武-朱元璋
不是规定由嫡长子继承皇位吗?咋还有皇位之争呀?😶

洪熙-朱高炽
规定是一回事，执行就是另一回事了。😔

永乐-朱棣
咋说话呢?我可是把皇位传给你了!

宣德-朱瞻基
您当初不是曾经想把皇位传给我二叔的吗?😏

正统-朱祁镇
您还对他说"勉之，世子多病"。

永乐-朱棣

都是些谣言，不可信的。

 正德-朱厚照

@ 洪熙 - 朱高炽 您是因为这才不幸福的?

 洪熙-朱高炽

不仅如此，老二和老三还经常合起伙来欺负我!

 宣德-朱瞻基

我爹顾念手足之情，还不能对他们下狠手。

 洪熙-朱高炽

唯一值得欣慰的是我有一个好儿子。

 宣德-朱瞻基

多谢老爹夸奖!

 正德-朱厚照

这就是"皇位之争"?也没有想象中那么惊险刺激呀。

大明帝王群(16)

朱祐樘与张皇后有两个儿子，但是次子朱厚炜早夭，长子朱厚照就成了二人唯一的儿子，并毫无悬念地继承了皇位。

明朝的皇位是嫡长子继承制，即"有嫡立嫡，无嫡立长"，如果嫡长子去世，则由其儿子继承皇位。所以，朱元璋在建国初年就将长子朱标立为太子。朱标死后，朱元璋也曾想过将皇位传给朱棣，可是在大臣的规劝下还是遵循嫡长子继承制的原则将皇位传给了朱标之子朱允炆。明代的皇位继承基本遵循这一原则，但是立储争端并没有被彻底避免。

朱高炽做太子时，不仅要忍受父亲朱棣的猜疑，还要时刻警惕两个弟弟朱高煦和朱高燧的陷害。据说靖难之役时，朱棣曾对次子朱高煦说"勉之，世子多病"，为朱高煦夺取储君之位增添了极大的信心。朱高煦多次联合三弟朱高燧陷害太子朱高炽，这使得本就体弱多病的朱高炽更加心力交瘁。

朱常洛听到朱厚照说皇位之争不够惊险刺激，决定跟他讲讲自己亲身经历过的"梃击案"，让他好好看看世道的险恶。

< 大明帝王群(16)　　　…

 泰昌-朱常洛

复杂的社会你不懂，看来得给你好好讲讲。

 正德-朱厚照

 泰昌-朱常洛

我虽然是皇长子，可是我爹不喜欢我，更不想让我做太子。他想让郑贵妃的儿子继承皇位。

 万历-朱翊钧

唉！你的出生就是个错误！

 弘治-朱祐樘

没想到你也是个"渣男"！

 洪武-朱元璋

还有不喜欢自己儿子的人？

泰昌-朱常洛

我爹迫于朝中大臣的压力还是立我为太子，可是郑贵妃不死心，竟然派人刺杀我!

 崇祯-朱由检

刺客拿着木棍明目张胆地进入了东宫，还好我爹命大躲过一劫。

 永乐-朱棣

东宫的守卫都是干啥吃的!刺客进入都不知道阻拦!

 泰昌-朱常洛

作为一个不受宠的太子，别人自然也不会把我当回事儿，这样的人生怎么能说得上幸福呢?

 隆庆-朱载坖

深有同感!

 嘉靖-朱厚熜

大明帝王群(16)

隆庆-朱载坖

我说的是实话，您也不怎么喜欢我母亲和我。

宣德-朱瞻基

"不喜欢儿子"是家族传统吗？

隆庆-朱载坖

不是"不喜欢儿子"，是偏爱另一个儿子。

万历-朱翊钧

我爹虽然是储君，可是日子过得还不如朝中大臣，还得向严世蕃行贿才能得到皇室应有的恩赐。

正德-朱厚照

这日子也太苦了！

崇祯-朱由检

如果不是景王朱载圳因病早逝，皇位还不一定传给谁呢。

天启-朱由校

那可能后面就没咱们啥事了。

崇祯-朱由检

@ 嘉靖 - 朱厚熜 这下您知道事情的严重性了吧。

嘉靖-朱厚熜

如果传位给别人，说不定大明的历史还能再延续几十年。

隆庆-朱载坖

爹，你就这么不待见我吗?

嘉靖-朱厚熜

主要是你后面这几位太不争气了。

万历-朱翊钧

别算上我，我表现还行!

崇祯-朱由检

可是人家都说明朝实亡于万历。

崇祯-朱由检

　　朱翊钧曾因一时兴起临幸了宫女王氏，并且导致其怀了身孕。王氏怀孕后，朱翊钧本来不想承认，无奈有《内起居注》的记录和临幸时的赏赐之物为证，只好封王氏为恭妃。后来，朱翊钧与王氏的孩子，也就是长子朱常洛便出生了。按规矩，朱常洛应该被立为太子。但是朱翊钧对郑贵妃情有独钟，想要立郑氏的儿子朱常洵为太子，由此便引发了长达15年之久的国本之争。

　　万历四十三年（1615年），张差手持木棍闯入了太子朱常洛的宫中，一直到殿前的屋檐下才被制服。经审查，张差是受了太监庞保和刘成的指使，这二人都是郑贵妃宫中的太监。朱翊钧担心郑贵妃受到牵连，不愿深究此事，朱常洛见状也表示不想让事态扩大。于是，朱翊钧告诉群臣，张差是因为疯癫才闯宫的，与他人无关，并下令处死张差，又秘密打死了庞保和刘成，此即"梃击案"。此案疑点重重，到底是郑贵妃谋杀太子未遂，还是太子自导自演的苦肉计？这引发了后人的众多猜想。

　　在朱厚熜的长子和次子相继离世之后，身为皇三子的裕王朱载垕便成为继承皇位的第一人选。因深信"二龙不得相见"的魔咒，朱厚熜一直没有立朱载垕为太子，同时也更加偏爱景王朱载圳。加上景王之母卢妃十分受宠，便有人猜测他可能被立为太子，所以权臣勋贵多与其结交，馈赠物资，朱载圳的生活十分优裕。然而，朱载垕却相当穷困，只能依靠俸禄勉强维持王府开销。双王的储君之争直到嘉靖四十四年（1565年）朱载圳去世才结束。

朱厚熜说明末的几位皇帝很不争气，朱翊钧对此表示不服。谁知朱翊钧引火上身，遭到了末代皇帝朱由检的一记重拳。辛亏朱翊钧机灵，迅速将火力点引到朱厚熜身上。

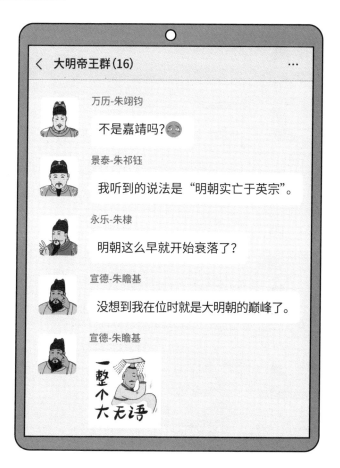

大明帝王群(16)

天启-朱由校

请问身处盛世的你感觉幸福吗？

宣德-朱瞻基

我要是能再多活十年就更幸福了。

景泰-朱祁钰

看到我哥，您还感觉幸福吗？

宣德-朱瞻基

多活十年就是为了好好教育你俩！

正统-朱祁镇

老弟，现在不是抖机灵的时候。

景泰-朱祁钰

你是挺机灵的，趁我重病发动宫变。

成化-朱见深

皇位本来就是我爹的，您只是临时代理一下而已。

成化-朱见深

景泰-朱祁钰

有啥证据证明我是临时的！

正统-朱祁镇

我被俘后，见深就被立为太子了，将来就是要继承皇位的。

弘治-朱祐樘

说得对！👍👍您当了皇帝后不仅废了我爹的太子之位，还将自己的儿子立为太子，司马昭之心路人皆知。

景泰-朱祁钰

正统-朱祁镇

你给见深的童年造成了多大的阴影呀，导致他恋母情结严重，喜欢上了比自己大十几岁的万贞儿。

成化-朱见深

这关贞儿啥事？还好小时候有她陪着我呢！

弘治-朱祐樘

爹，您是挺感谢她的，后宫佳丽三千独宠她一人，这可把我害惨了！

正德-朱厚照

看来此处有故事，快给大家伙好好讲讲。

弘治-朱祐樘

我爹向万贞儿许诺封她的儿子为太子，所以她不允许其她嫔妃在她之前生下儿子。

崇祯-朱由检

哇哦，原来是宫斗故事。

弘治-朱祐樘

我一出生被便太监偷偷藏起来，不然不可能活着见到我爹。

洪熙-朱高炽

这个女人好狠呐！

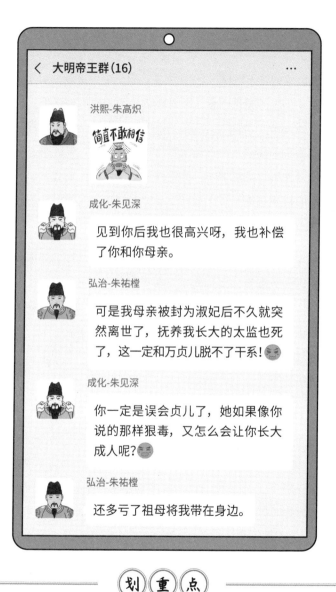

大明帝王群(16)

洪熙-朱高炽

简直不敢相信

成化-朱见深
见到你后我也很高兴呀，我也补偿了你和你母亲。

弘治-朱祐樘
可是我母亲被封为淑妃后不久就突然离世了，抚养我长大的太监也死了，这一定和万贞儿脱不了干系!

成化-朱见深
你一定是误会贞儿了，她如果像你说的那样狠毒，又怎么会让你长大成人呢?

弘治-朱祐樘
还多亏了祖母将我带在身边。

划 重 点

对于明朝的衰落与灭亡，后世存在很多说法。一说明朝实亡于英宗，即正统帝朱祁镇，土木堡之变使得大明精锐损失严重，明朝开始衰落。一说明朝实亡于嘉靖，因朱厚熜追封亲生父母的尊号而引发的"大礼议"，导致文官集团分裂为诸多派别，从此开始了永无止境的派系斗争，严重影响了明朝的历史进程。一说明朝实亡于万历，"国本之争"、皇帝的长期怠政、朝廷的横征暴敛导致政治更加腐败、军备弱化、阶级矛盾激化，留给明末三帝的是一个内忧外患的烂摊子。无论哪种说法，都比较勉强。一个庞大王朝的倾覆不能归结于某一位皇帝的过错，只能说谁的过错更大罢了。

成化帝朱见深是明朝唯一一个两次被立为太子的皇帝。土木堡之变时，朱祁镇被瓦剌掳走。在于谦等人的推荐下，朱祁钰登基为帝，朱见深身为朱祁镇的长子也被立为太子，将来继承皇位。朱祁钰因贪恋帝位，废除了朱见深的太子之位，降为亲王。后来，朱祁镇趁朱祁钰病重发动夺门之变，重登帝位，朱见深也被重新立为太子。

朱祐樘的童年非常不幸。他的生母纪氏是宫中的宫女，偶然被朱见深临幸了一晚，便怀孕了。万贞儿知道后，便派宫人去打掉这个孩子，宫人心善，谎称纪氏没有怀孕。万贞儿不放心，将纪氏打入冷宫。朱祐樘便在冷宫中出生了，并被偷偷养在冷宫，直到6岁才和朱见深相认。一直没有儿子的朱见深大喜，将他立为太子，封纪氏为淑妃。可是，没过多久，纪氏和抚养朱祐樘长大的太监相继暴亡。周太后担心孙子朱祐樘的安全，便亲自将其抚养长大成人。

听到朱祐樘讲述童年的悲惨经历，朱由校和朱由检兄弟俩也想到了自己的童年。

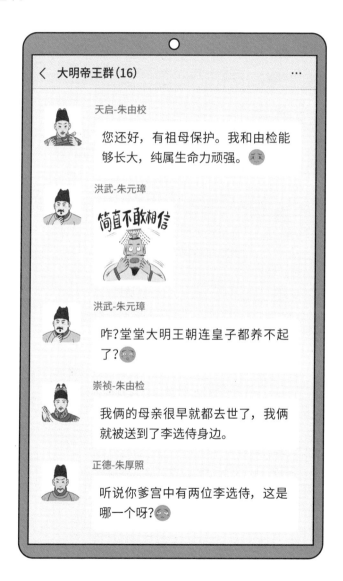

< **大明帝王群(16)**　　　　　　　···

崇祯-朱由检

这是西李，就是后来的李康妃。

万历-朱翊钧

这个人我有印象，记得当时还是我让她来抚养由校的呢！她对你俩不好吗？

天启-朱由校

我母亲就是被她凌辱而死的，您觉得她能对我好吗？

正德-朱厚照

我咋听说是你虐待养母呢？

天启-朱由校

明明是她虐待我好不好！我爹死后她将我扣在宫里，不让我和大臣们见面，还想当皇太后把持朝政！

天启-朱由校

大明帝王群(16)   ...

泰昌-朱常洛

可是她这康妃的头衔不是你封的吗?

崇祯-朱由检

我哥当初被魏忠贤给忽悠了,迷迷糊糊地就给了她封号。

天启-朱由校

老弟,你继位后,这个老巫婆没有为难你吧?

崇祯-朱由检

她是挺想当皇太后,可是我没理她。

洪武-朱元璋

谢天谢地,还有个孩子是清醒的。

永乐-朱棣

@泰昌-朱常洛 你看人的眼光也太差了,智商堪忧啊!

天启-朱由校

确实有点,主要是坑儿子啊。

大明帝王群(16)

正德-朱厚照
@ 天启 - 朱由校 你还好意思跟着附和，你也没聪明到哪去吧！

正德-朱厚照

天启-朱由校
我只是不识字，我又不傻，傻子能做出那么精巧的物件吗？

洪武-朱元璋
小时候没人教你读书写字，当了皇帝就不会努把力好好学习吗？

宣德-朱瞻基
就是，做了皇帝还整日沉迷木工活。

天启-朱由校
你们懂啥呀！木工就是我灰暗人生里的一束光！

隆庆-朱载坖

幸福的人用童年治愈一生，不幸的人用一生治愈童年。

泰昌-朱常洛

正德-朱厚照

我不同意，我爹童年也很悲惨，可是他却成了一位锐意图治的好皇帝。

弘治-朱祐樘

也不能这么说，毕竟我们所处的环境不同，他比我惨多了。

隆庆-朱载坖

最是无情帝王家，如有来生只愿做一个平凡的人，安安稳稳度过一生。

隆庆-朱载坖

划重点

　　朱由校和朱由检的母亲去世得都比较早，二人小时候都养在朱常洛的李选侍身边。朱常洛身边有两位李选侍，为了区别称为东李、西李，此处所说的李选侍为西李。据说，朱由校的生母王才人就是被西李殴打凌辱而死。朱由校即位后下诏揭露了西李殴打自己生母、虐待自己的事情。当时皇长子朱由校的日子都不好过，皇五子朱由检的日子就更加难过了。西李在生下乐安公主后，就不再抚养朱由检了，这对朱由检来说也是一种解脱。

　　朱常洛继位后，朱由校被立为太子，西李想借此当皇后，结果朱常洛死了。她不甘心，赖在乾清宫不走，还阻止朱由校登基，想以此要挟大臣们立她为皇太后。最终迫于大臣们的压力，西李才搬去了仁寿殿。此案被称为"移宫案"，与"红丸案""梃击案"并称为明末三大案。

　　在封建社会，皇帝是站在权力顶峰的人，拥有三宫六院，享受着无尽的富贵。但是，明朝皇帝们称得上幸福的寥寥无几。大多数皇帝一出生就伴随着皇位之争，一不小心就会没命！皇宫高墙内的勾心斗角多于骨肉亲情，皇帝的一生或许还不如平凡百姓的一生幸福。如果真的有来生，或许他们会选择做一个普通人！

老朱威武